태고보우의 생애와 사상
어둠을 두드리는 주장자 소리

유영숙 지음

민족사

머리말

 오래 전 태고보우 스님에 관한 학술 논문을 쓰기 위해 스님의 행장과 어록 등 스님의 자취를 꼼꼼히 살핀 적이 있었다. 스님의 내밀한 체취가 가장 잘 드러나는 선시들을 하나하나 음미하다 보니 맑은 시냇물처럼, 가을 하늘 스치는 바람처럼 투명하고 순수한 영혼을 마주하게 되었다.

 또 스님이 제자들을 위해 내려 준 글귀나 법문을 살펴보노라면 군더더기 하나 붙을 겨를 없이 깨끗하고 단정한 말씀 속에 준엄하고 냉철한 가르침과 더불어 깊은 곳에서 우러나오는 한없는 자애가 느껴졌다.

 마침내 최상의 진리에 도달한 스님의 높은 도력을 흠모하여 아래로는 수많은 백성과 제자들이 갓 태어난 송아지가 어미를 따르듯 쫓아다니고, 위로는 국왕과 대신들이 그들에게 지혜를 빌려 주는 보고로 알고 의지하며 따르는 것이었다. 기어코 그의 명성은 고려에 한한 것이 아니라 세계 대제국을 형성한 몽고족이 세운 원나라 구석구석까지 미쳐 황제조차 그에게 예배하며 법문을 청했었다.

관음보살이 처처에 몸을 나투며 고달픈 중생을 보살펴 주듯 스님은 모든 것이 혼란에 빠져 어려움에 처해 있던 고려라는 사바세계에 잠시 모습을 드러내어 불법을 위해, 백성을 위해, 국가를 위해 화수분마냥 마르지 않는 진리의 법을 나누어 주었던 것이다. 그러면서도 자신은 초발심을 잊지 않고 이생의 마지막 순간까지 수행자로서의 본분에 충실하였다.

태고보우 스님은 위대하다.

달마 이래 중국에 선법이 세워지고 그 가운데 중국 임제종의 정통 법맥을 중국에 가서 직접 계승하여 우리나라 조계종의 중시조가 되었으며 고려에서는 승려로서 최고의 영예로운 위치인 국사에까지 오른 분이시다.

그러나 이 글에서는 스님의 업적을 일일이 소개할 의도는 없다. 수행자로서 스님이 살아가는 진솔한 삶의 편린들을 모아 그의 인간적인 면모를 보다 구체적으로 추적해 갈 것이다.

진정으로 세속을 초탈하는 것은 진정으로 세속의 삶을 사랑하는 것에서 비롯된다. 젊은 날, 스님이 견성의 경지를 이루기 위해 쇠를 녹일 듯한 투철한 정신으로 행하는 수행은 처절하도록 고독하였으며 그의 삶에 대한 자세는 지독히도 진지하였다.

고독과 진지함, 스님이 위대해지는 힘의 원동력도 바로

거기에 있었다. 그러기에 더욱 삶을 사랑하며 인생을 깊이 이해하고 세상을 한껏 품어줄 수 있었던 것이다. 그것은 중생들에게 향하는 한없는 연민이기도 하였다. 속세의 노모에게, 구름같이 몰려드는 제자들에게, 그리고 왕후장상까지 그를 찾는 사람이면 누구나 가리지 않고 언제라도 그들에게 필요한 만큼 평등하게 자비심을 드리웠다가 물러날 때가 되면 즉시 돌아와 자취를 깨끗이 하였다.

스님의 눈길이 머무는 갈피마다 탈속한 도인의 번뜩이는 예지와 관용을 배운다.

스님에 관해 조금씩 눈떠 가면서 언젠가 스님의 행장을 한 번 지어보리라 마음먹었었다. 그러고도 시간이 바쁘게 지나다가 마침 민족사에서 집필을 의뢰하자 앞뒤 가리지 않고 선뜻 나서고 말았다.

우선 스님과 관계된 자료들을 두루 수집하고, 스님께서 주석하시던 사찰들을 둘러보면서 스님께서 앉으셨을 법한 바위 그늘에 한참씩 앉아보기도 하였다. 그러면서 모든 것을 스님의 눈으로 보고자 했으며, 스님의 마음으로 느끼고 생각해보려 무던히도 애썼다.

그러나 모든 게 턱없이 부족했다. 지혜의 문에서 멀찍이 떨어져 있는 처지에다가 거칠고 무딘 문장 재주는 아무리 다듬어 보았자 스님의 참모습을 가리는 것은 물론 그림자마저 어지럽히는 것이었다. 더욱 두려운 것은 조그마한 동전으로 달을 가리고는 달의 크기가 동전만하다고 외치는 꼴이나 아닐까 하는 점이다. 부족한 사람이 뜻하지 않게 구업을 하나 더 쌓게 될지 모를 일이다.

그럼에도 고요한 저녁이면 매일 고려시대로 돌아가 밤이 기울도록 스님을 뒤따르며 구도 순례를 하고 스님과 마주 앉아 고결한 설법을 들을 수 있었으므로 행복하였다. 현재를 살면서 스님을 좇아 또 한 번의 생을 살아간다는 느낌이었다.

이 책이 나오는 데 가장 감사를 드려야 할 분은 부처님이다. 부처님의 은덕으로 보우스님을 만날 수 있었기 때문이다. 그리고 지금껏 불교사를 연구함에 있어 자상하게 이끌어 주신 가산불교문화연구원의 지관스님과 이기동 교수님께 이 자리를 빌어 깊이 감사드린다. 아울러 이 책이 나오기까지 수고를 아끼지 않은 민족사 윤창화 사장님과 편집진 여러분께도 감사의 인사를 드린다.

끝으로 팔순이 되도록 아직도 자식 걱정만 하시는 어머니께 이 책을 바치며 감히 사랑한다는 말을 올린다.

2000년 초겨울
대모산 자락에서 유영숙

차 례

- 태양을 품에 안은 꿈 · 9
- 해인삼매의 넓고 깊은 바다 · 24
- 천수관음이여, 그 중 한 손을 빌려주소서 · 40
- 깨침의 노래 · 52
- 1천7백 공안을 꿰뚫다 · 64
- 만수선원의 문지방 · 84
- 8천 리 구도의 길 · 97
- 동방으로 건너오는 불법의 정맥 · 110
- 중원을 뒤흔든 사자후 · 123

- 설산을 찾은 사자 · 141
- 젊은 왕의 지혜로운 대들보 · 162
- 노도처럼 몰아치는 정치개혁 · 184
- 전쟁으로 뒤끓는 세상 · 205
- 보림사 쇠소를 채찍질하다 · 219
- 회피할 길 없는 인연의 굴레 · 228
- 저녁 노을은 더욱 찬란하리 · 244
- 가죽푸대 속의 영롱한 사리 · 258

태양을 품에 안은 꿈

　1347년(충목왕 3) 11월 24일, 영녕사 주지를 새로 모시는 개당법회가 열렸다. 원나라 수도에서도 가장 거찰인 영녕사(永寧寺)의 금당.

　황제 순제를 비롯하여 황후와 태자, 황실의 인척들이 불단을 바라보며 한가운데 자리잡았다. 황실 가족 주위로 원나라를 대표하는 고승들과 원로대신들이 입추의 여지없이 빽빽이 앉아 숨을 죽이고 있었다. 질화로에서 타던 숯이 사위며 무너지는 소리만이 가끔 들릴 뿐이었다.

　이윽고 보우가 몸을 일으키더니 법상 위로 올라가 좌정했다. 바닥에 있던 모든 사람들이 일제히 일어나 설법을 청하는 절을 세 번 올렸다.

　쾅, 쾅, 쾅!

　보우는 주장자로 법상을 세 번 쳤다.

　사람들은 세상의 번뇌망상을 끊고 법사의 설법에 마음을 모은다.

　무엇이 최상의 종승(宗乘)이오?

갈고리 같은 문장과 가시 돋친 말로 시비를 드러내면, 이는 최상의 종승을 파묻는 것이며 본래 생긴 콧구멍도 막는 것입니다. (중략)

내가 이 일을 설사 거량한다 해도 알아 줄 이 없을까 염려스럽소.

부처님의 일대장교(一大藏敎)는 무슨 부질없는 말이며, 일천칠백 공안은 무슨 잠꼬대란 말이오? 임제(臨濟)의 할(喝)과 덕산(德山)의 방망이가 또 무슨 어린애 장난이오?

옛날 노인이 이르기를, 문을 걸고 잠잘 때는 상상(上上)의 근기(根機)를 제접함이오, 돌아보거나 굽어보거나 찡그릴 때는 중하(中下)의 근기를 자상하게 살피는 것이라 하였습니다. 그러나 둥근 법상에 앉아 어찌 귀신처럼 눈동자나 굴리고 있겠습니까?

비록 변변치 못하지만 그래도 근사하다면 이렇게 말하리다.

청천백일에 잠자지 않으면서 꿈을 말하는 격이고, 생살을 베어 부스럼을 만드는 꼴입니다!

낱낱이 점검하는 이는 이 주장자를 맞을 것이오.

지금 매서운 솜씨를 가진 이가 있소, 없소?

있다면 갚을 수 없는 은혜를 갚고 다함이 없는 교화를 돕는 것이나, 만일 없다면 이 명령을 거꾸로 행하시오.

천하가 태평하리다! (중략)

깊은 밤 질화로에 차를 달이니

향기는 차관에서 새어 나오도다.

법왕(法王)의 법을 자세히 관찰해 보시오. 법왕의 법은 이런 것입니다.

원증국사 태고보우(圓證國師 太古普愚).

고려인으로서 전 세계를 공포에 떨게 호령하던 원나라 황제의 절을 받으며 당당하게 불법을 설파한 사람!

중국인들로부터 예배와 추앙을 한몸에 받으며 법왕의 자리에 오른 사람!

그는 조계종 사굴산문으로 출가하여 혹독한 참선수행 끝에 마침내 견성을 이루어 '깨달은 자', 즉 '부처'가 되었다. 그 뒤 중국으로 건너가 중국 선종의 정통 법맥인 임제종 18대손 석옥청공으로부터 법을 인가받고 그의 사법제자가 되었다.

보우가 석옥의 법통을 계승했다는 것은 인도의 달마가 중국으로 건너와 뿌리내린 선종이 약 8백 년 간 중국을 중심으로 사상계를 풍미하다가 드디어 그 법통이 고려로 옮겨왔음을 의미한다. 이로써 보우는 진리의 우두머리, 곧 '법왕'의 자리에 올랐음을 공인받은 것이며, 고려는 세상에서 가장 지혜로운 이가 주석하는 전 세계 불교의 중심지가 되었다.

당시 고려는 원나라 황실에서 신봉하는 라마교가 전파되어 고려 왕실을 중심으로 세속적이고 주술적인 라마교 의식이 횡행하면서 불교계마저 점차 변질되고 있었다. 보우는 왜곡된 불교계의 병폐를 일소하고 고려 특유의 청정한 계율과 도저한 법력이 살아 꿈틀거리는 조계종을 부흥시켜 불교계를 바로 세우는 데 혼신의 힘을 다하였

태고보우(1301~1382)

다. 이로써 고려 불교의 순수한 정신이 되살아나고 조계종의 법맥이 온전히 계승되어 오늘날 한국 불교계를 대표하는 조계종과 태고종에서 모두 종단의 중시조로 모시며 숭모하는 인물이 되었다.

또한 보우는 공민왕과 함께 국정을 이끄는 견인차 역할을 하였다. 원나라의 압력으로 국가의 자주권을 위협받는 처지에서 반원적인 개혁정책을 주도하면서 고려의 굳건한 기상과 정신을 되살리는 데 자신의 지혜를 아끼지 않았다.

당시 원나라는 정치·경제·문화 전반에 걸쳐 강압적으로 고려를 침탈했는데 보우와 공민왕은 이러한 원나라에 정면으로 대항하며 국권회복에 앞장섰다. 그리하여 마침내 원나라 세력을 이 땅에서 몰아내고 그 동안 훼손되었던 모든 법식을 고려 전통 제도로 환원시키면서 고려가 확고한 자주국가임을 대내외적으로 천명하였다.

보우가 존귀한 인물이 되자 고려 조정에서는 보우의 은공에 보답하기 위해 죽을 때까지 한 번도 벼슬에 나가지 못했던 부친에게 개부의동삼사 상주국 문하시중 판리병부사 홍양공(開府儀同三司上柱國門下侍中判吏兵部事洪陽公)이라는 어마어마한 직함을 추서하고, 모친 정(鄭)씨에게는 남편의 지위에 걸맞게 삼한국대부인(三韓國大夫人)을 제수했다. 양친에 대한 이러한 예우는 당시 보우가 국가적으로 얼마나 중요한 인물이었는지 역설해 주는 대목이다.

경기도 양평군
옥천면 옥천리
보우 탄생지

익화현 대원리.

지금은 경기도 양평군 옥천면 옥천리로 행정구역이 바뀌고 그 면소재지에 '고읍(古邑)'이라는 별칭이 남아 이 곳이 한때 역사의 중심에 있었음을 짐작케 해 준다.

이 곳도 우리 강토 여느 고장처럼 야트막한 산과 시내, 그 사이로 논밭과 작은 집들이 옹기종기 모여 있는 그런 마을이다. 남한강의 지류가 감싸듯 돌아 흐르고, 넓은 들녘이 저만치 고을을 숨겨 주는 그 가장자리 너머 소 등허리와도 같은 나지막한 산들이 한가로이 길게 누워 있다. 동북간으로는 제법 우람하여 믿음직스런 용문산이 어깨 높이 자리하며 아랫자락을 따라 점점이 사는 사람들을 지켜 주고 있다. 맑은 물과 넉넉하고 순조로운 풍광 덕분에 이 곳 사람들은 다른 농촌에 비해 살림살이가 비교적 순탄해 보인다.

그러나 지금으로부터 7백여 년 전 고려시대, 거의 40년에 걸쳐 몽고의 혹독한 침략과 강탈로 피폐해진 이 땅은 위로는 국가의 흥망이, 아래로는 백성의 목숨까지 위태로웠다. 모진 삶의 질곡으로 시름에 겨운 백성들이 내뿜는 한숨이 산천을 덮고 있었다.

수도 개경에서 동남으로 2백 리 정도 떨어진 이 곳도 예외는 아니었다. 절망에 지쳐 있으면서도 사람들은 이렇게 캄캄한 천지에 태양이 불끈 솟아 칠흑 같은 어둠을 한꺼번에 몰아내기를 간절히 기원하고 있었다.

그런데 드디어 찬란하게 빛나는 태양이 1301년(충렬왕 27) 9월 21일 탄생하였다. 그리고 이 곳은 세상에서 가장 '으뜸가는 고장(大元里)'이 되었다. 지극히 평범한 곳에서 지극히 비범한 인물이 태어났던 것이다.

부친은 홍연(洪延)으로 충청도 홍주가 본관이지만 이 곳에서 대대로 농사를 짓다가 보우가 어렸을 때 세상을 떠났다.

이웃에 살던 모친 정씨는 대원리로 출가해 온 지 얼마 되지 않아 시뻘겋게 이글거리는 커다란 해가 그녀의 품 안으로 안기는 꿈을 꾸고 보우를 낳았다고 한다. 그녀는 꿈 속에서 활활 타오르는 불꽃 같은 태양을 뜨거운 줄도 모르고 치마폭을 벌려 덥석 끌어안다가 잠에서 깼다는 것이다. 굉장히 크고 뜨거운 태양을 주저하지 않고 품에 안은 꿈, 이것이 보우의 태몽이다.

이렇게 태어난 보우는 햇빛 넘치는 대원리 들판에서, 수정처럼 맑은 옥천 개울에서 맘껏 뛰놀며 하루가 다르게 무럭무럭 자랐다. 신체는 균형이 잡혔고 키도 또래 아이들에 비해 훨씬 컸다. 총명하고 심지 깊은 생각과 행동거지는 분명 남다른 데가 있어 보였다.

하루는 관상 보는 이가 마을을 지나다가 동네 아이들과 어울려 노는 보우를 보더니, "법왕아(法王兒)로다!"는 말을 남기고 훌쩍 떠난 적이 있었다. 이 때부터 보우의 부모와 마을 어른들은 그의 말씨나 몸가짐을 눈여겨보았다. 그러나 장차 그가 이 세상을 태양처럼 비춰 줄 '지혜로운 존재', 즉 '법왕'이 되리라고는 미처 아무도 짐작하지 못했다.

당시 고려는 참으로 어려운 상황에 처해 있었다. 역사상 유례 없이 처참했던 몽고의 침략 전쟁에 패한 뒤 거의 반세기가 흘렀어도 고려는 온통 만신창이였다. 지방의 관아, 대소규모의 사원이 폐허로 변하고 마을을 이어주는 다리가 끊겼지만 아무도 재건할 엄두를 내지 못했다. 집집마다 전쟁의 상처로 생활은 말할 수 없이 고통스러웠으며 살아 남은 노인들 가운데는 유난히 불구의 몸이 많았다.

　전쟁이 끝나자 몽고족의 원나라는 고려의 존립을 인정하는 대신 가혹하고도 강압적인 수단을 동원하여 갖가지 침탈과 간섭을 하였다. 고려 왕자를 인질로 잡아갔으며, 신분의 상하를 막론하고 공녀라는 이름으로 고려 처녀들을 수없이 붙잡아 갔다. 과년한 딸이 있는 집에서는 딸을 오랑캐에게 빼앗기는 생이별을 하지 않으려고 안간힘을 썼다.

　또 원나라는 여러 가지 이유를 붙여 금·은·베를 비롯하여 인삼, 약재 또는 사냥에 쓰이는 매를 공물로 받아 갔다. 그들 나라에서 귀하거나 탐나는 것은 가리지 않고 닥치는 대로 빼앗아 갔다. 백성들은 원에서 요구하는 공물의 양을 채우느라 농사는 뒷전으로 제쳐놓고 밤낮 가릴 것 없이 들로 산으로 인삼을 캐고 매를 잡으러 다녀야 했다.

　그러나 정작 백성을 더 괴롭혔던 것은 가렴주구를 일삼는 고려의 대신들이었다. 그들은 광대한 토지를 강제로 점탈하고 백성들을 노예처럼 부려 농사짓게 했으며, 지방의 관리나 세력가들은 그 토지를 이중 삼중으로 겸병해서 백성들로부터 세금이란 명목으로 몇 차례씩 착취해 갔다. 백성들은 일 년 내내 농사를 짓고도 가을이 되어 추수가 끝나면 수확한 대부분을 세력가들에게 빼앗기고 짐승이나 별다를 바 없이 초근목피로 굶주림을 이겨야 했다.

안으로는 부패한 관리들이 판을 치고, 밖으로는 승냥이 같은 원나라가 갖가지 수탈을 자행하던 상황에서 백성들의 삶은 비참하기 이를 데 없었다. 가난은 백성들의 마음마저 강퍅하게 만들어 사소한 일에도 울화를 터뜨리며 이웃 사람들끼리도 못 본 체하기 일쑤였다.

보우는 사람들이 하찮은 것에 연연해하며 바둥거리고 사는 것에 깊은 회의를 느꼈다. 쳇바퀴 돌 듯 똑같이 반복되는 일상, 반복되는 계절, 반복되는 탄생과 죽음 속에서 한 사람이 살아가는 의미가 무엇인지 궁금했다. 살아가는 존재 이유와 실상을 제대로 알고 싶었다. 그러기 위해서는 옹색한 일상을 건너 뛰어 남다른 길을 걸어야 한다는 생각이 들었다.

경기도 양평군 옥천면 대원사지의 당간지주

그가 살던 집 근처에는 대원사라는 절이 있었다. 어린 시절 보우는 정갈한 사원의 살림살이와 법도 있는 승려들의 몸가짐, 근면한 수행 모습을 지켜보면서 자랐다. 도탄에 빠진 민초들의 일상에서 배어 나오는 성마름과는 달리, 절 마당에 들어서면 스며드는 안온함과 경건함은 감수성이 예민한 소년에게 경이로움이었고 그 놀라움은 인생의 길을 제시하는 지표가 되었다.

보우의 나이 13살(1313, 충선왕 5) 때, 그는 부모 곁을 떠나 경기도 양주땅 회암사(檜巖寺)로 광지(廣智)선사를 찾아갔다. 남달리 조숙해서 체구는 장정이 다 되었지만 불그레한 뺨과 귓불은 아직도 소년티가 역력했다.

회암사는 광지선사의 높은 품격을 사모해서 국내외 선승들이 끊이지 않고 몰려드는 선원으로 이름난 곳이었다.

처음 집을 떠나는 어린 보우에게 고향에서 회암사까지는 무척 먼 길이었다. 보우가 회암사에 도착한 것은 땅거

경기도 양주군
천보산 회암사지

미가 질 무렵이었다. 행자가 안내하는 대로 어느 큰방에 들어가 노스님께 인사를 올렸다. 스승은 바짝 여위고 가냘픈 체구였지만 뜻밖에도 목소리는 우렁차고 눈은 빛을 뿜는 듯해서 보우를 더욱 움츠러들게 하였다.

그 때 노승의 눈빛은 어린 보우를 발가벗겨 염라대왕의 업경대 위에 올려놓는 듯했다. 잠시 뒤 "이제 가서 쉬어라." 하는 스승의 한 마디에 그는 반사적으로 일어나 인사도 못 드리고 엉겁결에 방을 나오고 말았다.

사방은 깜깜했다. 행자를 따라 공양간으로 가서 저녁을 먹고, 바로 뒤울 안에 있는 작은 방으로 안내되었다.

오랫동안 망설이다가 찾아 온 보우는 궁금한 것이 한두 가지가 아니었으나 아무도 그에게 말을 걸지 않았다. 혹시나 해서 문 밖에 귀를 기울였지만 바람에 서걱거리는 나뭇잎 소리만 들릴 뿐 적막했다. 지친 다리를 뻗지도 못하고 웅크린 채 누웠지만 잠이 오지 않았다. 바깥 세계의 고적함이 가위눌릴 정도로 답답하였다.

이튿날 아침, 보우는 젊은 승려들의 안내를 받아 어제 갔던 큰방으로 갔다. 노스님과 젊은 승려들이 여러 명 둘러앉아 있는데 모두 깎아 만든 조각상인 듯 표정도 없고 미동도 하지 않았다.

잠시 후 어떤 승려가 들어와 보우에게 회색옷을 갈아 입히더니 이어서 댕기를 풀고 머리를 삭도로 밀기 시작하였다. 보우는 일순간 뒤통수가 시원해지고 삭발하는 짧은 시간을 훌쩍 넘어 고향의 일은 벌써 아득해지면서 넓은 천지간에 우뚝 서 있는 자신이 보였다. 방바닥에 떨어지는 검은 머리카락이 어느 새 낯설어 보였다.

이제 보우는 사미로 다시 태어났다. 노스님은 속가의 이름을 버리게 하고 '보허(普虛)'라는 법명을 내려 주었다. 소년은 간 데 없고 보허라는 사미가 새파란 눈을 초롱거리며 이 세상에 갓 태어난 것이다.

보우의 속명이 무엇이었는지 어느 기록에도 없다. 단지 그가 처음 사용한 법명은 보허였고, 53세 무렵부터 보우로 고쳐 사용한 것으로 보인다.

어린 사미는 굳게 다짐한다.

오로지 수행에 열중하리라. 무조건 스님들의 가르침에 힘껏 따르리라. 세상에서 얻었던 기억은 다 버리고 이제 새로운 세계로 나아가야 한다. 그러려면 머리 속에 있는 갖가지 상념도, 마음 속의 온갖 감상도 내 이름처럼 텅 비워 없애야 한다. 진공(眞空)의 세계, 즉 '보허'의 경지에 도달하는 것은 오직 이 길이라고 믿었다.

사미 보우는 목탁 소리와 함께 잠을 깼다. 한밤중이나 다름없는 깜깜한 새벽에 일어나 먼저 개울에서 세수를 하고 옷매무새를 고친 뒤 법당에 올라 불단에 불을 밝히고 구석자리에 앉았다. 그리고 새벽예불을 드리러 오는 여러 스님들을 기다렸다.

'지심귀명례(至心歸命禮 …)'를 외우며 여러 불보살과 조사들을 염송할 때마다 처음 출가를 결심했을 때의 마음을 새기면서 지극 정성으로 오체투지를 하였다. 예불이 끝나면 홀로 법당에 남아 은사스님의 가르침대로 다시 1천 배를 올리며 세세토록 쌓인 속세의 찌꺼기와 자신의 업보를 녹이고자 했다.

보우의 하루 일과는 법당을 닦고, 나무를 해 오고, 마당을 쓸며 공양간에서 밥을 짓는 등 사중의 온갖 일을 하는 것이었다. 무엇이든 시키는 대로 꾀를 내지 않고 부지런히 했다. 틈틈이 《초발심자경문》과 염불을 배우는 대로 외우고, 승려로서 갖춰야 할 여러 가지 습의도 한 가지씩 따라 익혔다.

스승은 아주 가끔 보우를 불렀다. 그러면 얼른 손을 닦고 부지런히 큰방으로 달려간다. 그러나 노승은 별 다른 일이 없는 듯 고개도 들지 않고 그저, "뭐 하고 있었느냐?", 아니면 "어디서 왔느냐?" 하고 묻는 것이 전부였다. 보우가 우물쭈물하며 대답하려 하면, "그래, 열심히 해라" 하면서 물러나게 하였다.

이따금 고개를 들고 문득 천보산을 바라보노라면 산자락의 나무들은 연두와 초록, 그리고는 붉은빛을 차례로 띠다가 어느 새 앙상한 가지만 추스르기를 여러 차례 되풀이하였다.

세월이 한참 흐른 뒤에야 보우는 비로소 깨달았다. 노스님께서 가끔 뜬금없이 그에게 던졌던 무심한 듯한 질문 하나 하나는 모두 가르침의 채찍이었다는 것을. 그리고 스승께서 표나지 않게 베풀어주시던 그 깊은 사랑은 그가 살아가면서 큰일이 닥칠 때마다 용기를 북돋워 주는 힘이 되었다.

해인삼매의 넓고 깊은 바다

보우가 회암사에 온 지 도 어느덧 6년이 흘러 그의 나이 19세(1319, 충숙왕 6)가 되었다. 2백5십 가지나 되는 구족계를 받고 비구가 되면서 본격적으로 공부하기 위해 광지선사의 추천서를 갖고 스승의 출가 본찰인 전라도 장흥에 있는 가지산 보림사 총림으로 갔다. 그렇게도 소원하던 선방에 입방하는 것이다. 자기도 여러 비구들과 어깨를 나란히 하고 바위처럼 꿋꿋하게 앉아 참선할 수 있게 되었다. 깊은 침묵의 바다에서 번뇌의 싹을 자르고 오로지 구경의 진리를 맛볼 수 있기를 얼마나 열망했는지 모른다.

양주에서 가지산까지는 참으로 멀었다. 전라도 제일 끝 바닷가 근처에 자리잡고 있다는 소문만 듣고 길을 나섰는데, 막상 회암사 산문을 나서자 어느 쪽으로 가야 할지 막막하였다. 길손이 되어 물어 물어 가는 길은 더욱 더디게 느껴졌다. 하루라도 빨리 보림사에 도착하고 싶었지만, 떠나기 전 은사스님은 이 고을 저 고을 둘러보면서 하심(下心)을 익히라고 당부했었다. 보우도 이번 기회에 운수 납자가 되어 발길 닿는 대로 아무 절이든 쉬면서 만행을 하겠다고 마음먹고 서두르지 않기로 했다.

우선 양주땅 봉선사에서 하루를 쉬고, 한양으로 접어들어 견성사(지금의 삼성동 봉은사)에도 들러 참배하였다. 눈 밝은 선지식이 있는 곳이면 며칠을 돌아가는 길이라도 들러 한 말씀 청했다. 길에서 객승이라도 만나면 길동무 하며 견문을 넓혔다.

길눈을 잘못 셈하는 바람에 도중에 날이 저물어 산 속에서 노숙하는 일도 여러 번이었다. 인가를 찾지 못해 허기가 지면 개울에 앉아 바랑에 준비해 온 미숫가루나 찐쌀을 씹고 냇물을 마시면서 다음 길을 또 더듬었다. 절에서 절로, 산에서 산으로, 들을 건너 내를 가로지르며, 남쪽을 바라보고 걷고 또 걸었다.

회암사에서 한강으로 나와 황해로 빠지는 뱃길을 택했더라면 훨씬 빨리 보림사에 도착했을 것이다. 그러나 이곳 저곳 거치다 보니 육로로 걸어도 한 달이면 닿을 곳을 보우는 거의 석 달이 지나서야 도착하였다. 칠월 백중을 치르고 바로 출발했는데 도착하고 보니 계절은 초겨울로 접어들고 절집에서는 동안거를 막 시작하려던 참이었다.

품에서 광지선사의 서찰을 꺼내 방장스님께 올리고 인사를 여쭈었다. 보림사에서의 첫날 밤, 오랜 여정으로 몸은 비록 노곤했지만 엄청나게 규모가 큰 가지산 본사에서 지낼 수 있다는 기쁨에 좀처럼 잠을 이룰 수 없었다.

전남 장흥 가지산 보림사 일주문(위)과 대적광전(아래)

가지산 보림사는 산 이름이 말해 주듯 선종 가지산문의 종찰이었다. 일찍이 당나라에서 선법을 배워 온 신라시대 도의(道義, 8~9세기)선사가 우리나라에 처음으로 선불교를 전한 곳이다. 그러나 당시 사람들은 정제된 논리와 체계적인 교설로 다듬어진 교학불교에만 익숙했기 때문에 선불교의 가르침을 황당하게 여겨 쉽게 받아들이려 하지 않았다. 그들로서는 새로 들어온 선불교가 너무나 진보적이고 파격적이어서 마치 이단과 같아 쉽게 수용할 수 없었던 것이다.

한국을 비롯해 동아시아에 널리 퍼져 있는 선종은 6세기 인도의 선승 달마가 중국으로 건너와 소림사에 머물면서 참선을 통해 깨달음에 이르는 선법을 전파한 것에 뿌리를 두고 있다. 그가 가르친 선불교는 모든 문자나 언어의 세계를 떠나고, 기존의 모든 지식 체계를 부정하는 데서부터 출발하는 새로운 수행법이다.

상식적으로 석가모니 부처님이 설파한 진리의 핵심을 알려면 마땅히 그가 40여 년 간 설파한 내용을 담은 경전을 먼저 읽어야 한다. 그러나 선불교에서는 팔만대장경은 모두 똥이나 닦는 휴지 조각에 지나지 않는다며 한 마디로 뱉어 버린다. 따라서 선종사에 길이 남을 위대한 조사들의 가르침도 결국은 마른 똥막대기에 불과하므로 그것들을 모두 버려야 하는 것은 물론이고 심지어는 수행을 하다가 조사를 만나면 조사를 죽이고, 부처를 만나면 부처마저 죽여야 한다는 것이다. 선불교는 어떠한 선입견이나 편견도 들어서지 못하는 의식의 원초적인 자리, 가장 근원적인 그 자리에서 열린 마음으로 세상을 다시 바라보라고 주문한다.

  승려들은 누구나 '깨달은 사람', 즉 '부처'가 되기 위해 출가하여 수행한다. 그러나 선종은 부처님이 가르친 경전을 차곡차곡 익힘으로써 진리를 '깨달은 사람'이 된다는 것을 근본적으로 부정한다. 불교의 교조인 석가모니의 가르침은 차치하고 석가모니마저 부정하고 버리라고 한다. 석가모니의 가르침을 배우고 실천하는 것은 결국 그의 눈을 통해 제한된 세계를 볼 뿐, 그의 아류를 벗어날 수 없다. 그렇게 해서는 모든 것이 열려 있는 절대의 세계에는 결코 도달할 수 없다. 모든 것을 버리고, 모든 것을 의심하면서 누구의 사유도 거치지 않은 자기의 눈으로 세상을 볼 때, 비로소 우주와 자기는 하나가 되면서 자기의 눈으로 우주를 바라보고, 우주의 마음으로 자기를 볼 수 있게 된다. 이것이 선종에서 말하는 '부처'가 되는 길이다.

  선종의 이러한 역설적인 수행법에 전면적으로 반발하고 나선 것은 교종 세력이었다. 그들의 완강한 저항에 견디다 못한 도의는 하는 수 없이 양양의 설악산 진전사로 들어가 40년 간 수도하다가 자신의 제자 염거(廉居, ?~844)에게 선법을 전하고, 염거는 다시 체징(體澄, 804~880)에게 전해 선불교를 잇게 하였다.

드디어 체징에 이르러서야 가지산파라는 선맥이 보림사에 착실히 정착하게 되었다. 체징은 보림사에 총림을 세워 각지에서 모여드는 수백 명의 제자를 거느리며 그들 각자가 지니고 있는 근기에 따라 참선수행과 더불어 교학과 계율을 병행시키면서 보림사를 종합적인 수도 도량으로 일궈 나갔다. 그리하여 보림사를 중심으로 한 가지산문은 이름 난 선종 9산 산문 가운데서도 특히 많은 고승을 배출하여 보우가 활동하는 시기에 사굴산문과 함께 고려를 대표하는 2대 산문으로 성장하였다.

선원에는 항시 3백 명은 족히 넘는 납자들이 상주했다. 이들은 선원의 동·서 두 군데 건물에 나뉘어 살며 수행에 전념하였다. 보우는 서편에 있는 선방으로 들었다. 선방은 선원장을 중심으로 양편으로 돌아가면서 승랍이 오래된 순서에 따라 자리가 배정된다. 보우의 자리는 선원장과 마주 앉아야 하는 제일 말석이었다.

동안거가 시작되는 결제일 아침, 방장스님은 대웅전 법상에 올라 대중들에게 결제 법어를 내렸다. 전국 각지에서 모여든 수좌들이 모두 진지한 표정으로 한 치 흔들림 없는 자세로 귀를 기울였다. 그들의 이마에는 석 달의 안거 동안 기필코 한 소식을 하고야 말겠다는 다부진 각오가 서려 있었다. 방장스님의 말씀이 띄엄띄엄 이어지는 것 말고는 숨소리도 들리지 않았다.

보우도 자세를 가다듬고 다시 한 번 스스로 다짐했다. 선방에 든 것은 비록 처음이지만 공부에 대한 열정만은 누구에게도 뒤질 수 없었다. 법문을 마친 방장스님은 신참자들을 한 사람씩 제접하면서 보우에게는 '만법귀일' 화두를 내렸다.

선방으로 돌아온 승려들은 모두 자기 자리에 정좌했다. 각자의 소임을 쓴 용상방이 천장 가까이 붙어 있었다. 이제 납자들은 잡념을 버리고 오직 참다운 진리를 깨닫기 위한 일념으로 수행 정진할 뿐이다. 용과 같이, 코끼리와 같은 담대한 기백으로 바위처럼 앉아 꿋꿋이 참선에 몰두하는 것이다.

입선을 알리는 열중스님의 죽비 소리가 들렸다. 머리 속을 말갛게 비우며 화두를 잡는다. 그러나 잡념은 쉽게 떨쳐지지 않았다. 망상을 떨치고 화두를 붙들면 어느 새 머리 속엔 지난날의 사소한 일들이 물결처럼 출렁인다. 황급히 다시 화두를 붙들지만 그 다음 순간 또 다른 상념에 빠진 자신을 발견하고 또다시 망념을 떨쳐 버린다. 다시는 화두를 놓치지 않으려고 입 속으로 되뇌어 보아도 잠시 뿐, 머리 속은 망상에서 헤어날 줄 모른다. 몇 날이 지나도록 간단없이 화두를 놓쳤다가 또 다른 망념에 사로잡혀 허우적거리기를 수없이 반복했다. 보우는 이런 자신의 주제가 한심하기 그지없고 화가 치밀어 올라 참을 수 없었다. 온갖 잡동사니로 뒤범벅되어 있는 머리 속을 물을 뿌려가며 쏴쏴 쓸어내고 싶은 심정이었다.

중생계에서 얻은 습기가 두텁고 무거워 쉽게 떨쳐 버리지 못하는 것이 못내 안타까웠다. 누구보다도 수승(殊勝)한 근기를 타고났다고 자부하던 보우의 자만은 여지없이 허물어졌다.

'모든 이치는 하나로 돌아간다. 그렇다면 그 하나는 어디로 돌아가는가?(萬法歸一 一歸何處)'

'만법귀일'

'만법귀일'

'만법귀일'

'만법귀일'

……

죽을 힘을 다해 화두를 붙들려고 애썼다. 화두를 되뇔수록 망상은 더욱 집요하게 따라 온다. 이제는 화가 나는 것이 아니라 자신도 모르게 눈물이 쏟아졌다. 참으려고 이를 악물어 보았지만 옷자락은 어느덧 눈물 자국으로 얼룩졌다.

《법구경》에도 '마음은 들떠 흔들리기 쉽고, 지키기 어렵고, 억제하기 어렵다'고 했다. 또한, '붙잡기 어렵고, 경솔하고, 욕정을 따라 헤매는가' 하면, '멀리 홀로 갔다가는 자취도 없이 가슴 속에 숨어들기도 하는' 등 제멋대로였다. 보우 역시, '물에서 잡혀 나와 땅바닥에 던져진 물고기처럼 파닥거리며' 한시도 가만있지 못하는 자신의 마음을 돌이켜 보니 기가 찰 뿐이었다. 길들여지지 않는 이 마음을 냉혹하고 무정하게 다스려야만 제대로 화두에 들 수 있으리라.

회암사에서 광지선사를 하직할 때 물끄러미 바라보던 스승의 눈길이 생각났다. 말없이 바라보는 눈빛이었지만 보우에게 보내는 한없는 정과 신뢰가 온몸으로 전해졌었다. 그 때 보우는 마음 속으로 하루 속히 불도를 이뤄 스승을 다시 찾아뵈리라 다짐했었다. 이대로 물러설 수는 없었다. 또다시 화두를 챙겼다.

'만법귀일'
'만법귀일'
'만법귀일'
……

안거가 시작된 지 한 달 여, 다른 날보다 밖이 더 환한 것 같아 새벽에 놀라 일어나니 밤새 내린 눈으로 천지가 하얗게 덮여 있었다. 눈은 이미 그쳤지만 지붕의 기왓골과 기왓등이 구별되지 않을 정도로 제법 수북히 쌓였다. 남쪽 지방 보림사에 내려와서 눈다운 눈을 보는 건 처음이었다.

그 날 오후, 대중들이 모두 밖으로 나와 눈 치우는 울력을 했다. 보우도 나무판으로 열심히 눈을 밀며 산문으로 난 길을 치우는데 열중스님이 곁으로 다가왔다.

"보우스님, 혹시 거문고를 탈 줄 아십니까?"

"……."

"부처님 경전에 보면 이런 이야기가 나와요. 거문고 줄을 너무 탱탱하게 잡아 매면 제대로 소리가 나지 않지요. 반대로 줄을 너무 느슨하게 매어도 맑고 미묘한 소리는 울리지 않는답니다."

"……."

열중스님이 돌아가고 나자 보우는 화들짝 놀랐다. 스님은 그냥 경전 얘기를 한 것이 아니라, 말을 아끼며 자신을 경책했던 것이다. '너무 탱탱하지도 않고, 너무 느슨하지도 않게' 공부하라는 당부였다. 수행이 너무 급하면 빨리 피곤해져 열병이 생기고, 반대로 너무 느슨하면 게을러지는 것을 경계하는 말이다. 수행자는 극단을 피하고 중도를 따라야 한다. 늘 화두를 놓쳐 얼굴 붉히며 조바심치는 보우를 보다 못해 따끔한 침을 놓는 말이었다.

그러나 이해하기 힘들었다. 하루빨리 도를 이루고자 하는 일념인데, '너무 탱탱하지 않게' 하다가는 어느 세월에 마치겠는가? 노상 엉뚱한 망념에 사로잡혀 있는 자신이 오히려 '너무 탱탱하지 않은 것' 같아 걱정이었다. 선방에는 열 번, 스무 번씩이나 입방하는 고참들이 허다했다. 한소식을 못 얻어 가부좌한 채 5년, 10년씩 기다리는 것을 보우로서는 용납하기 어려웠다. 누구보다 더 용맹스럽게 정진해서 단시일에 모든 것을 해결하고 싶었.

보우는 여전히 화두를 놓치지 않으려고 기를 쓰면서

가부좌를 틀고 있을 때는 물론이고, 포행중에나 공양간에서 소임볼 때, 울력을 할 때 언제 어디서나 화두를 타려고 조바심했다. 심지어는 잠결에도 화두를 중얼거리며 뒤척였다.

보우는 이처럼 있는 힘을 다해 화두에 집착하다가 드디어 병에 걸리고 말았다. 뭐라고 말할 수 없을 만큼 온몸이 신열로 끓고 정신이 혼미하였다. 끙끙거리는 것을 보다 못한 열중스님은 보우를 강제로 끌어내 지대방에서 쉬게 했다. 열중스님은 자신의 몸뚱이조차 돌보지 못하면서 어떻게 마음세계를 다스릴 것이냐며 호통쳤다.

누워서라도 화두를 타려고 애쓰다가 불현듯 일전에 열중스님이 당부한 말이 떠올랐다. 거문고 줄을 탱탱하게 매면 소리가 고르지 못한 것처럼 공부를 너무 급하게 몰아치다가 걸려 넘어졌다는 생각이 들었다. 일념으로 화두를 붙잡는다는 것이 도리어 화두에 붙들린 꼴이었다. 병의 원인을 알자 어느 결에 슬그머니 열도 내려 다시 선방에 참예(參詣)하게 되었다.

드디어 정월 보름이 되고 석 달의 안거도 끝났다.

해제가 되어 선객들은 사방으로 흩어져 돌아갔다. 보우는 잠시 양주 회암사를 떠올렸지만 몇몇 승려들과 함께 보림사에 남기로 하였다. 도반들과 운수행각하며 세상 구경하고 견문도 넓히고 싶었지만 보다 시급한 것은 아무래도 공부였기 때문이다.

다행히 보림사는 총림이라 선원뿐 아니라 강원도 갖추고 있었다. 선방의 해제 기간 동안에는 절의 소임을 보면서 오전에는 참선을 하고 오후에는 틈틈이 경전을 읽다가 막히는 곳은 강원의 강사 스님들께 도움을 청하리라 마음먹었다. 아무리 선승이라 해도 부처님께서는 뭐라고 말했는지 직접 알아보고 싶었다. 경전을 읽고 참선을 하는 것은 부처님의 지혜와 마음을 모두 배우는 길이기에 이 두 가지를 동시에 해 보려는 계획이었다.

그러나 오로지 참선에만 매달리는 선승들에게 이러한 보우의 방식은 결코 용납되지 않았다. 그들은 틈틈이 경전을 읽고 있는 보우가 몹시 못마땅하였다. 그럴 수밖에 없는 것이 극도로 긴장한 가운데 정신을 집중해야 하는 참선수행은 자신과 벌이는 전쟁이나 다름없다. 엄격한 규칙 속에서 극도로 절제된 말과 행동으로 자신과 보이지 않는 싸움을 벌이는 것이다. 옆에서 누가 돌출된 행동을 하거나 대중과 화합하지 못하면 그 철의 안거는 헛농사가 되고 만다.

더구나 보우는 말수가 적은 데다가 말을 하면 목소리가 크고 퉁명스러웠으며, 특히 남의 간섭을 싫어해서 대중들과 쉽게 친해지지 못했다. 선원의 대중들이 보우를 거북하게 여기자 결국 선방 참예를 포기하고 강원으로 들어가 우선 교학의 기초부터 착실히 다지기로 하였다.

보우는 회암사에서 《발심수행장》 등을 이미 익혔다. 보림사에서는 강원의 기초 과목인 사집부터 배웠다. 《서장》, 《도서》 등을 읽으며 조사 스님들의 자취를 더듬을수록 보우의 수행 발심도 더욱 북돋아 갔다. 차츰 해를 거듭하면서 《능엄경》, 《대승기신론》, 《금강경》, 《원각경》, 《화엄경》, 《법화경》 등의 경전을 두루 읽어 나갔다. 무량하게 펼쳐지는 진리의 세계를 접하면서 놀라움과 기쁨에 온몸을 떨었으며 그 안에서 시간을 잊었다.

그러나 보우가 참선을 완전히 중단한 것은 아니었다. 경전 공부를 하면서도 마음 속으로는 화두를 놓지 않았다. 강원이 방학을 하면 자신의 처소에서 시간을 정해 놓고 좌선을 하였다. 보우의 이러한 공부방법에 관해 그의 문도 유창(維昌)이 지은 〈보우행장〉에는, "만법귀일의 화두를 참구하였으나 대중들은 아무도 그 사실을 몰랐다. 그는 구속을 싫어하는 성격인데다 말소리가 우렁차서 도반들이 스님을 싫어하고 꺼렸는데도 태연자약하였다."고 기록되어 있다.

특히 참선을 하다가 다시 경전을 보면 새로운 안목이 열리고 그 깊은 곳의 숨은 뜻까지 살필 수 있는 지혜가 열렸다. 이렇게 참선에 의지하면서 경전을 차례로 섭렵하여 드넓은 진리의 세계를 헤쳐 나갔다. 그 중에도 특히 환희심을 불러일으키며 무궁무진한 진리의 바다에서 자유롭게 헤엄치게 해 준 경전은 《화엄경》이었다.

보우는 청량스님이 쓴 《화엄경현담》과 《화엄경》을 되

풀이하여 읽고 또 읽으며 화엄경의 세계에 빠져들었다. 《화엄경》은 작게는 티끌과 같은 하찮은 것에서부터 크게는 우주를 통섭하는 광대한 세계까지 자유자재로 넘나들면서 그 무엇이고 있는 그대로 모두가 하나의 완벽한 존재의 실상임을 설파하고 있었다. 또한 삼라만상 모든 것을 일일이 감싸주고 보듬어서 두두물물(頭頭物物)의 현상계 또한 조화롭고 평화로운 진리 그 자체임을 도도하게 설법하였다. 보우는 《화엄경》 갈피마다 아껴가며 읽고, 책을 덮고 사색하다가 다시 되짚어 읽으면서 해인삼매의 넓고 깊은 바다에 온몸을 던지며 기꺼워하였다.

마침내 26세(1326, 충숙왕 13) 되던 해, 보우는 가지산 총림에서 실시하는 교종의 승과시험에 응시하여 화엄학으로 합격하였다. 그 동안 부지런히 연마한 교학공부가 결실을 맺은 것이다. 계속해서 보우는 또 다른 경전들을 차례로 공부하면서 차츰 여러 경전에 두루 밝고 그 오묘한 교리를 거의 통달하게 되었다.

그러나 아무리 경전을 거듭 읽어도 자기 마음 속 깊은 곳, 언어도단의 세계에 갇혀 있는 한 가닥 의단은 떨쳐지지 않았다. 여태껏 경전에서 얻을 수 있었던 것은 알음알이로 따져서 이해할 수 있는 해오(解悟)의 수준이었지 모든 진리를 직관하는 견성의 경지는 아니었다. 결국 마지막까지 남아 있는 한 가닥 의심은 참선으로 해결해야 한다는 결론에 도달하고 말았다.

'경전 또한 고기 잡는 통발과 토끼 잡는 옹노에 지나지 않구나! 옛날 대장부들은 높은 뜻을 세워 공부했는데 어찌 나만 미련하게 있으리요? 난들 대장부가 되지 못할까?'

보우는 지금까지 강가에서 통발만 만들었지 직접 고기를 잡지 못했다는 것을 비로소 깨달았다. 고기를 잡으려면 손발을 걷어붙이고 물에 뛰어들어야 하는데 그는 여태껏 통발만 만지작거리고 있었다. 경전은 결국 달을 가리키는 손가락에 지나지 않았다.

참선은 교학공부에 도움이 되었을망정 교학은 참선수행에 장애가 되었다. 그 사이 생각만 더 많아졌다. 궁극의 진리는 모든 것을 철저히 버리고 발가벗은 채 마지막 남은 목숨을 담보로 하여 처절하고 치열하게 참선수행에 뛰어들어야만이 찾을 수 있다. 이제 통발이나 손가락 따위는 필요 없다. 앞으로는 절대로 뒤돌아보지 않고 오직 참선에만 매진해서 이 칠흑 같은 어둠에서 기필코 벗어나고야 말겠다고 거듭 다짐하였다.

그러나 이런 결심을 몇 번이나 반복했는지 모른다. 참선을 하고 있으면 망상의 덩어리는 어느 결에 능청스레 자리잡고는 순식간에 보우를 어린 시절 냇가로, 고향집으로 끌고 다녔다.

오매일여의 경지가 되어 어느 순간에도 화두를 놓치지 말아야 하는데 원수 같은 망상은 시도 때도 없이 찾아오는 것이었다. 집요하게 쫓아오는 망상의 그물을 찢어버리고 싶어 뒷산에 올라 고래고래 고함지르기도 하고, 어떤 때는 나무 둥치에 머리를 짓찧었다. 답답하기 그지 없었다.

보우는 보림사를 떠날 때가 되었음을 깨달았다. 보림사에 온 지도 그 새 10년이 넘었던 것이다.

천수관음이여, 그 중 한 손을 빌려주소서

보우의 나이 서른 살(1330, 충숙왕 17), 동안거 해제를 기다려 보림사 산문을 나섰다. 아직은 산등성이에 희끗희끗 잔설이 남아 있는 이른 봄, 밭두렁 양지바른 곳에는 푸른 싹이 제법 돋아 있었다. 볼을 스치는 바람도 부드러웠고 아련한 봄내음에 취한 버드나무 가지는 야들야들 연한 연둣빛 자태를 살며시 드러내고 있었다. 새봄에 물오르기 시작하는 버드나무를 볼 때면 언제나 어린아이의 여린 속살을 보는 것 같았다. 물에서 갓 씻어 건진 듯 때 묻지 않은 그 순수한 빛을 어디에 견줄 수 있으랴?

정처 없이 발길을 옮기던 보우는 한강 어귀에 이르러서야 자기가 고향을 향해 가고 있음을 깨달았다. 옛날 출가할 때 순수했던 그 마음으로 돌아가 처음부터 다시 시작하고 싶은 심정이 그를 고향으로 이끌었던 모양이다.

고향에 당도해선 보우는 문득 어디로 가야 할지 막막해졌다. 내친걸음에 회암사로 갈까 했지만 이미 광지선사가 입적하고 난 다음이라 왠지 내키지 않았다. 한참을 망설이다가 멀리서 어머니께 절을 올리고 발길을 동쪽으로 돌렸다.

 아직 머리에 흰 눈을 이고 있는 미지산이 산자락을 넓게 펼치면서 보우를 마중하고 있었다. 보우의 고향 마을에서 불과 서너 시간 거리에 있는 미지산은 현재 용문산이라 불리는데 경기도 일원에서는 제법 높고 깊은 데다가 골짜기마다 크고 작은 암자가 즐비해서 수행처로는 안성마춤인 곳이었다. 보우는 조용한 기도처로 알려진 상원암으로 향했다. 기필코 무상의 지혜를 얻게 해달라고 우선 상원암 천수관음보살께 기도를 올리기로 하였다.

 상원암은 양평군 용문면 연수리 용문산 중턱에 있는데 유명한 용문사와는 산등성이 하나를 사이에 둔 조그마한

경기도 양평
용문산 상원사

암자다. 이 곳이 언제 창건되었는지 정확히 알 수 없지만 대략 고려시대의 사찰로 알려져 있다. 산골 궁벽한 곳에 있는 작은 암자지만 신도들에게는 관음보살이 현신하는 곳으로 알려져 기도객들이 끊이지 않았다.

  암자에 당도했을 때 짧은 해는 벌써 기울고 있었다. 마당 한가운데 있는 팔각석등을 뒤로 하고 돌사자가 지키고 있는 계단을 올라 단숨에 관음전으로 들어갔다.

  두 손을 모아 소리 없이 무너지며 절을 올리고 또 올렸다. 오랜 여독으로 천근 만근 무겁던 몸에 서서히 땀이 배기 시작하더니 장삼까지 온통 땀으로 젖어 들었다. 한 시간쯤 절을 계속하자 이윽고 몸이 가뿐해지고 자기가 왜 이 곳에 왔는지 보다 확실해졌다. 견성할 수 있는 지혜를 나누어 달라며 관음보살께 매일 삼천 배를 올리는 천일기도를 바칠 것을 약속하였다.

  시간이 얼마나 흘렀는지 저녁 예불을 알리는 범종 소리가 들렸다.

  이튿날 새벽 예불을 마친 보우는 법당에서 관음기도를 시작하기 전 먼저 연비를 하였다. 마음을 정화하고 지난 일들을 참회하는 것이다. 절집에 들어 온 이후 연비를 한 두 번 한 것도 아닌데 초심지를 팔뚝에 얹고 불을 붙이는 순간 가슴이 미어지며 왈칵 눈물이 넘쳐흘렀다. 타 들어가는 초심지를 바라보며 참회진언을 외웠다.

'옴 살바 못자 모디 사다야 사바하'
'옴 살바 못자 모디 사다야 사바하'
'옴 살바 못자 모디 사다야 사바하'
……

참회진언을 외우는 동안 가장 어린 시절의 기억부터 꼬리를 물면서 어줍잖던 일까지 하나 하나 회상되었다. 출가한 이후로도 철없고 용렬했던 적이 또 얼마나 많았는지 회한으로 몸이 떨렸다. 과거에 알게 모르게 저지른 잘못에다가 이미 기억 저편으로 사라진 잘못된 일들, 그리고 과거세에 행했던 불찰들까지 합친다면 참회진언으로 녹여야 할 업이 한이 없었다. 팔뚝을 태우는 불길 이상으로 뜨거운 눈물이 볼을 타고 흘러 내렸다. 과거의 업장을 모두 태워 버리고 새로운 모습으로 거듭나고자 자신의 몸을 관음보살께 헌공하는 연비였다.

천수관음이시여, 그 중 한 손을 빌려주소서!
이 몸 모두 바치오니 부디 성불의 길로 인도하소서!

연비를 마친 보우는 관음기도를 위해 〈백팔대참회문〉의 예불문을 외우며 수없이 절을 하였다. 새벽과 아침나절로 두 번 나누어 이어지는 삼천 배는 그렇게 매일 계속되었다.

이제 제가 발심하여 예배하오니
이는 제 스스로 복 얻거나, 천상에 나거나,
보살의 지위 구함이 아닙니다.
오직 최상승을 의지하여
아뇩다라 삼보리심을 내는 것이옵니다.
원하옵건대 시방세계 모든 중생이
함께 일시에 최고의 진리를 얻게 하소서.

땀에 흠뻑 젖어 가쁜 숨을 내쉬면서 일념으로 참회문을 외웠다.

다리가 휘청거리고 어지러웠으나 곧 익숙해질 것이기에 괘념치 않았다. 한참 뒤 절을 마치고는 마음을 고요히 하여 자신이 지은 12가지 발원을 읊조렸다. 자기와 함께 이웃 모두가 최고의 진리를 얻게 하며, 자신이 얻은 지혜가 중생들을 위해 복되게 쓰여지기를 기원하는 내용이었다.

매일 올리는 3천 배가 날을 거듭하면서 무릎과 발등에는 굳은살이 박히더니 점점 더 두꺼워지고 얼음장 같은 마루에서 몇 시간씩 절을 하느라 손발에 걸린 동상은 여름이 되어도 시퍼렇게 남았다. 석가모니의 설산 고행에 비한다면 이런 것쯤이야 아무래도 상관없었다. 견성을 이루는 데 어떻게 아무런 대가가 없겠는가? 매일 별이 총총한 새벽에 누구보다 먼저 일어나 시작하는 보우의 기도는 달이 가고 계절이 바뀌어도 계속되었다.

당시 보우의 기도가 얼마나 간절했는지 그의 〈행장〉을

보면, "지극한 정성은 허파를 걸러 나왔고 눈물이 줄줄 흘러 내렸다. 그 뒤로는 칼같이 날카로운 지혜를 갖게 되었다."고 기록되어 있다.

드디어 3년의 기도를 마치고 상원암을 내려갈 때가 되었다. 배고픈 아이가 어머니 젖을 먹고 기운을 차리듯이 보우는 자신의 고향 언저리 상원암에서 어머니와 같이 한량없는 자비를 베푸는 관음보살로부터 지혜와 용기를 얻었다.

33세(1333, 충숙왕 복위 2)의 보우는 바로 감로사를 찾았다.

감로사는 개성의 서쪽 성 밖, 오봉산 기슭(현 개풍군 중서면)에 있는데 고려 문종 때 이자연에 의해 창건된 곳이다. 이자연은 왕실의 외척으로서 당대 고려 최고의 귀족이었다. 그런 후광도 있었지만 오봉산은 서울 남산의 절반 높이밖에 되지 않는데도 기암괴석이 많고 골짜기가 깊고 그윽하다. 또한 감로사 앞으로는 유유히 흐르는 예성강이 있어 그림처럼 아름다운 곳이다. 주변의 빼어난 경치로 인해 내로라 하는 고승들과 김부식, 이규보, 이색을 비롯한 시인 묵객들이 끊이지 않고 찾던 곳이다.

보우는 선방에 드는 즉시 좌선에 들었다.

'만법귀일'

'만법귀일'

'만법……'

밤낮으로 화두를 탔다. 선방에 가부좌하고 있을 때뿐이 아니었다. 앉거나 서거나, 무슨 일을 하든, 어디를 가건, 화두를 놓치지 않으려고 무던히도 애를 썼다. 금새 무엇인가 잡힐 듯 하다가도 생각은 천 리 만 리, 아른아른 사라져 버린다. 다시 화두를 다잡는다.

'만법귀일'

'만법귀일'

'만법……'

'만법귀일, 이것이 대체 무엇인가?'

답답하기 이를 데 없었다. 자신만만하게 감로사에 와서 선방의 좌복이 땀에 절어 퀴퀴한 냄새가 나도록 앉아 참선에 몰두했건만 아무런 소식이 없었다.

그러던 어느 날 문득 남악회양(南嶽懷讓, 677~744)이 벽돌을 갈던 고사가 떠올랐다.

어느 날 회양은 좌선하고 있는 마조도일(馬祖道一, 709~788)을 보자 첫눈에 그가 큰 그릇임을 알고서 마조도일에게 질문을 던졌다.

"좌선을 하여 무엇을 얻으려는가?"

"부처가 되고자 합니다."

마조도일이 대답하자 회양은 벽돌을 집어다 바위에 대고 갈기 시작하였다. 의아해서 지켜보던 마조가 그것으로 무엇을 하려느냐고 묻자, 회양은 태연하게 거울을 만들려

한다는 것이었다. 기가 막혀 깜짝 놀라는 마조에게 회양은 반문하였다.

"벽돌로 거울을 만들 수 없다면 너는 어찌하여 가만히 앉아서 부처가 되려 한단 말이냐?"

그만 말이 막힌 마조에게 회양은 계속해서 말했다.

"우마차를 예로 들어 보자. 우마차가 움직이지 않으면 너는 수레를 때리겠느냐, 소를 때리겠느냐? 너는 참선을 하려느냐, 아니면 앉은 부처(坐佛)가 되려느냐?

만일 참선공부를 하려 한다면 선이란 앉거나 눕는 따위에 있는 것이 아니다. 부처란 정해진 형태에 구애받는 게 아니다. 법(法)이란 한 곳에 머물지 않는 것이니 우리가 법을 구할 때에는 어디에든 집착해서는 안 된다. 네가 만일 앉은 부처가 되려 한다면 이것은 부처를 죽이는 것과 같고, 만일 앉은 형태에 집착한다면 영원히 큰 도(道)는 이루지 못할 것이다."

보우는 그 동안 자신이 움직이지 않는 우마차를 놓고 소는 때리지 않고 수레만 때린 것은 아니었나 하는 의심이 더럭 들었다.

'만법귀일'이라는 문자 화두에 걸리지 말아야 한다. 모든 문자 속을 버리고, 모든 논리를 벗어나서, 견성하겠다는 집착도 버려야 한다. 화두를 붙들지만 화두에 집착해서는 안 된다. 오매일여로 화두를 놓지 않으면서 자기 안에 있는 또 다른 눈이 열려 혜안(慧眼)으로 진리를 바라볼 수 있어야 한다.

참선의 길은 멀고도 험했다. 뜬구름을 잡는 듯 허망하게 보이기도 하고, 온갖 마장이 끼어 생각이 혼란해지고 자가당착에 빠지기도 했으며, 어느 때는 혼침에 이를 때도 있었다. 오래도록 공부에 아무런 진전이 없으면 초조하여 좌불안석 미칠 지경이었던 적도 무수히 많았다. 그럴 때마다 보우는 더욱 자신을 채찍질했다.

"성질이 나약하고 게을러 불법대사를 성취하지 못할 바에는 차라리 고행하다가 죽느니만 못하다."(〈보우행장〉)

그래서 옛말에도 염불기도의 길을 '쉬운 길(易行道)'이라 하고 참선의 길을 '어려운 길(難行道)'이라고 했는지 모른다. 끝없는 자기와의 싸움이고, 그러면서도 싸울 상대가 어디 있는지 보이지 않는 싸움이다.

보우의 수행은 용맹정진 그 이상이었다. 겉으로는 가만히 좌선하고 있는 듯했지만 마음 속은 화두의 방망이를 쥐고 좌충우돌 부대끼며 깨달음의 단서를 얻고자 눈물겹도록 싸움을 계속하였다. 밤이 기울어 새날이 시작되려는 야삼경까지 캄캄한 어둠에 몸을 맡긴 채 좌선을 풀지 않는 것이 예사였다.

한밤에 방문을 열면 저 앞으로 예성강이 달빛을 머금은 양 은백색을 띠고 흐르고, 그 건너 연백땅의 산 능선들이 검은 선을 늘이며 누워 있었다. 그 뒤로 달과 별이 숨어 버리면 뿌옇게 밝아오는 새벽을 고스란히 앉은 채로 맞기도 했다. 어느 때는 하늘을 바라보다 별과 함께 보우 자신도 하늘을 따라 돌고 있는 듯한 착각에 빠지기도 했다. 마치 우주의 바다에 빠져 지구의 축을 쥐고 스스로 자전하고 있는 느낌이었다. 그럴 때면 벌레들도 숨을 죽이며 보우와 함께 지구라는 배를 타고 진리를 찾아서 우주를 유영했다.

그 해 가을, 어느 때부터인지 자나깨나 저절로 화두가 떠나지 않고 머리 속이 마치 물 속처럼 맑고 투명해졌다. 그야말로 온 정신이, 온갖 주변이 모두 고요하면서도 또렷해진 것이다. 적멸의 세계로 몰입되어 시간이 의식되지 않았다. 감로사의 대중들과 함께 예불을 올리고 공양하며 울력하는 등 일상의 일을 그대로 하고 있었지만 확실히 전과 같지 않았다. 화두로 의단을 일으키면 법신의 경계가 날로 깊이를 더해 갔다.

정신은 팽팽하게 긴장하고 있는데도 몸은 허공에 떠 있는 느낌이었다. 화두삼매에서 이처럼 정신이 또렷하고 성성하기는 일찍이 없던 일이었다. 보우와 화두가 별개의 존재가 아니고 상호이입으로 서로 구별 없는 존재가 되었다. 찾으면 찾을수록, 구하면 구할수록 멀어만지던 진리의 실체가 논리를 초월하여, 인식의 저편 세상에서 갑자기 보우의 눈앞에 광대하게 펼쳐지는 것이었다. 보우가 곧 화두가 되고 화두가 곧 보우가 되면서, 주관과 객관이 없어지고, 형상과 본질이 따로 존재하지 않게 되었다.

그 날로 이레 되는 날 밤, 어렴풋한 잠 속에 꿈결인지 푸른 옷을 입은 두 명의 동자가 나타났다. 한 명은 병을 들고 다른 한 명은 잔을 받들고는 무엇을 조금 따라 권하기에 받아 마셨는데 단맛이 감도는 아주 시원한 물이었다.

순간 깜짝 놀라 깨어났는데 여태까지의 의심 덩어리가 이상하게도 눈 녹듯 스르르 녹아 내리는 것이었다. 바야흐로 처음으로 견성을 얻는 초견(初見)의 단계에 이른 것이다. 아직 오도(悟道)의 경지까지 이르지는 못했으나 드디어 개안(開眼)을 얻는 성오(省悟)를 이룬 것이다. 벅차오르는 감격을 누르며 입에서 흘러나오는 대로 붓을 잡고 써 내려갔다.

이른바 성오송(省悟頌)이다.

하나도 얻지 못한 곳에서
집안의 돌을 밟아 깨뜨렸도다
돌아보면 깨뜨린 자취도 없고
보는 자 또한 이미 고요하구나.
분명하고 둥글며
현묘하고 빛나도다
불조와 산하까지
입 없이도 모두 삼키리라.
一亦不得處　　踏破家中石
回看沒破跡　　看者亦已寂

了了圓陀陀　　玄玄光爍爍
佛祖與山河　　無口悉呑却

　　드디어 '만법귀일'의 화두를 뚫었다.
　　그토록 오랫동안 보우를 끈질기게 괴롭혔던 '만법귀일'은 아무 자취도 없는 본래의 고요한 자리, 바로 그것이었다. 깨닫고 나면 본래가 제각기 있던 자리에 분명히 그대로 있는데 무엇을 더 찾겠다고 그리도 애태우며 헤집고, 뒤치락거렸는지 알 수 없었다. 삼라만상 산하대지 그 모두가 이리도 분명한 밝은 진리 그 자체였다. 캄캄한 굴 속에서 갑자기 광명의 세계로 나온 기분이었다.
　　그러고 보니 보우가 있던 곳이 바로 감로사가 아니던가? 그렇다면 잠결에 나타난 동자가 권해 마셨던 것은 부처님의 지혜를 상징하는 감로수(甘露水)였다. 감로사에서 동자가 권하는 감로수를 마시고 감로의 지혜를 깨우치게 된 인연에 보우는 새삼 놀라웠다. 지난번 용문산 상원암에서 열두 가지 발원을 하며 올렸던 기도에 관음보살이 감응해서 선재동자를 보내 감로의 문을 열어 준 것이다. 거기까지 생각이 미친 보우는 갑자기 눈시울을 붉히면서 곧장 법당으로 올라가 자비스런 관음보살의 발 아래 엎드려 거듭 절을 올리고 또 올렸다.
　　초견을 이룬 보우는 예전의 보우가 아니었다. 어딘지 모르게 처연해진 듯한 그의 모습은 눈빛조차 달라 보였다.

깨침의 노래

3년 뒤 보우는 감로사를 떠나 개경 근처에 있는 불각사(佛脚寺)로 자리를 옮겼다. 새로운 곳에서 새로운 마음으로 수행하기 위해서였다.

보우의 초견성 소식은 벌써 인근 승려들 사이에 널리 퍼졌다. 불각사에서는 보우를 위해 따로 방 한 칸을 내주며 조금도 불편함이 없도록 각별히 대우하였다. 보우는 자신이 체험한 초견성의 경계를 돌아보고 경전과 조사의 어록을 찾아 확인하면서 틈틈이 좌선 삼매에 들었다.

불각사 뜨락에 보드라운 햇살이 비치는 봄날, 바람결에 달콤한 향내를 살그머니 보내주는 산목련이 피어나면 이어서 포도송이 같은 보랏빛 등나무꽃이 맵시를 자랑한다.

그리고 나면 하늘 높이 자란 귀룽나무가 하얀 꽃을 주렁주렁 매달고는 밤에도 화사한 자태를 드러내며 달빛과 희롱한다.

뒤늦게 귀룽나무를 시샘하는 층층나무가 뒤꿈치를 세우며 질세라 층층이 흰꽃을 터뜨리고 그 반대편에 서 있는 가죽나무도 녹둣빛의 꽃을 피우며 알싸하면서도 상긋

한 향기를 뿌린다. 어느덧 가죽나무 꽃이 모두 떨어져 마당에 온통 녹두알을 뿌려 놓은 듯 해지면 계절은 벌써 여름으로 바뀐다.

점점 더위를 느끼면서 보우는 방문 앞에 발을 치고, 폭포수가 그려진 부채를 찾아 들었다. 이 때쯤이면 모감주나무는 꽈리 같은 연둣빛 열매를 잔뜩 부풀리며 나무 전체를 치장한다.

대기에서 품어대는 열기가 더할수록 더욱 귀청이 찢어지게 울어대는 매미 소리는 이제 귀에 익어 오히려 한적함을 달래 주는 친구가 되었다. 오후 한나절 책과 마주하다가 공양시간을 알리는 목탁 소리에 자리를 털고 일어나면 흘러내린 땀으로 흠뻑 젖은 바지 가랑이가 몸에 달라붙어 떨어지지 않았다.

밤이 되면 캄캄한 어둠 속에 모기장을 치고 홀로 앉아 선정에 든다. 푸른빛을 어지러이 날리면서 떼지어 몰려다니는 반딧불, 밤을 새워 재잘대는 벌레들 모두 보우의 도반이었다.

그 무렵 보우가 읽던 경전 가운데 유난히 마음에 집히는 것이 《원각경》이었다. 《원각경》을 읽노라면 초견성 때의 벅찬 희열이 지난 다음 곧 밀려 왔던 왠지 모를 미진한 느낌이 다시 살아나는 것이었다. 보우는 과거 보림사에서 읽었던 기억을 회상하면서 《원각경》을 읽고 또 읽었다. 그러나 이상하게도 그 시절에는 환하게 보이던 구절들이 도리어 의심이 가고 해량되지 않았다.

　석가모니 부처님과 문수, 보현 등 12대 보살이 서로 문답하는 내용이 적힌 《원각경》에는 그 유명한 '허공의 꽃' 비유가 있다. 허공에는 아무런 꽃도 없는데 무명에 빠진 눈병 환자는 있지도 않는 허공의 꽃을 잡으려 헤맨다는 것이다. 그리고 그 망령된 집착을 하나 하나 소멸하는 방법에 관해 부처님이 설법하고 있다.

　보우가 37세(1337, 충숙왕 복위 6) 되는 가을 어느 날, 그날도 역시 《원각경》을 읽고 있었다. 보살들의 질문과 부처님의 대답을 한 구절씩 따라가며 뜻을 새기고 명확한 진의를 파악하려 애쓰고 있었다. 그런데 마침, '일체가 모두 소멸해 버리면 그것을 이름하여 부동(不動)이라 한다(一切盡滅 名爲不動)'는 구절에 이르자 보우는 자신도 모르게 자리에서 벌떡 일어났다. 지금껏 수없이 봐 오던 구절인데 그 때서야 이 말이 무슨 뜻인지 제대로 눈에 들어왔던 것이다.

　보우는 시를 지었다.

고요하면 천 가지로 나타나고
움직이면 한 물건도 없어라
없다, 없다 하는 이것이 무엇일꼬
서리 온 뒤에는 국화가 무성하리.
　靜也千般現　　動也一物無

無無是什麽　　霜後菊花稠

　세상이 한층 명쾌하고 아름다워 보였다.

　모든 것은 자기만의 빛과 소리를 띠고 있다. 국화는 국화답고, 굴뚝새는 굴뚝새답다. 산은 높고 시냇물은 흘러간다. 저마다 각각이기에 세상은 더욱 오묘하고 아름답다. 모두 있을 자리에 있고, 모두 제 분수에 맞게 살아간다. 이 세상 모든 것이 저마다 존재의 빛을 반짝이며 자기가 거기 있음을 외치고 있다. 자기의 생존 요구에 따라 움직이는 바로 이것이 일체 진리의 실상(實相)이다.

　그 동안 자기는 눈에 콩껍질을 쓰고 살았던 것이다. 이렇게도 쉽고 간단한 이치를 왜 몰랐는지 어처구니없었다. 콩껍질을 걷어치우자 마음의 지평이 까마득히 열리면서 모든 것이 분명하였다.

　3조 승찬(三祖僧璨, ?~606)이 지은 〈신심명(信心銘)〉 구절 그대로였다.

도(道)에 이르기는 어려움 없나니
오직 분별과 선택만을 피하라
사랑과 미움을 떠나 버리면
환하고 뚜렷하게 알리라.

얽힌 인연 좇지 말며
헛된 것에 머물지 말라

마음이 한결같이 평화로우면
장애는 자연히 걷히리라.

머물고자 하면
이내 움직이게 되고
양쪽을 오락가락할 뿐
어찌 한 가지인 줄 모를까?

너는 나로 하여 존재하고
나는 너로 하여 존재하리
양쪽 모두를 알고자 하나
본래 한 가지 공(空)이더라.

 그 해(37세, 1337) 보우는 채홍철(蔡洪哲, 1262~1340)의 청을 받고 개경의 전단원(栴檀園)에서 겨울 안거를 지냈다.《고려사》열전에 의하면 채홍철은 충렬왕 이후 젊은 나이로 관직에 오르기 시작해서 충선왕·충숙왕 2대에 걸쳐 재상을 지내는 등 고위 관직을 두루 역임했으며 평강군(平康君)을 겸해 순천군(順天君)으로 책봉된 당대 대표적인 세력가였다. 국왕의 총애를 이용하여 승승장구하면서 권세를 있는 대로 부리며 뇌물에 탐닉하고 백성들의 토지를 함부로 점탈하여 거부가 된 사람이다.
 그래도 불심만은 사뭇 돈독하여 스스로 중암(中庵)거사라 칭하면서 저택 북쪽에 암자를 지었는데 이것이 전단원이다. 채홍철은 안거철이 되면 선승들을 전단원으로 초빙하여 의식주와 약재까지 제공하면서 마음놓고 수행하도록 도왔다. 많은 승려들이 이 곳에서 수행의 편의를 제공받았기에 세간에서는 전단원을 활인당(活人堂)이라고도 불렀다. 이런 소문을 듣고 충선왕도 이 곳에 행차하여 백금을 30근이나 하사하며 채홍철과 수행승들을 격려한 적이 있다.

마침 보우가 한 소식 깨달았다는 사실이 전해지자 채홍철은 보우를 우선적으로 초빙하였다. 보우는 전단원이 신령하고 기이한 기운이 있어 수행할 만한 곳이라는 이야기를 들은지라 즉시 초청을 받아들여 깊숙한 곳에 거처를 정하고 안거에 들어갔다.

개경의 10월은 제법 겨울다웠다. 고향 양근보다 한결 싸늘한 바람이 옷깃을 파고드는 곳이었다. 산꼭대기에 빼곡이 서 있던 나무들이 잎을 모두 떨구자 키 큰 나무들 사이로 하늘이 보이고 산등성이는 나무 줄기 아래로 키를 낮추고 있었다. 그러고 보니 앞산도 어느 새 여위어 있었다.

보우는 북쪽 기슭에 자리잡은 전단원에 앉아 말 그대로 마음과 몸 모두 편안하게 가지며 동안거 석 달을 안거하리라 작정했다. 모든 것을 안으로 침잠시키고 자기를 찾는 데만 혼신의 힘을 모은다. 온종일 다리가 저리도록 앉아 참선을 하고 일어나면 숲으로 들어가 기지개를 켜며 포행했다. 틈틈이 차를 들며 목을 축이고 창호지 너머

해가 저무는 것을 본다.

　이번에는 조주(趙州, 778~?)스님의 '무(無)'자 화두를 들었다. 보우에게 '무'자 화두는 또 다른 관문이었다. 처음부터 막히는 것이 마치 코에 솜뭉치를 박은 듯했다. 가부좌를 틀고 앉아 있으면 의심의 덩어리가 점점 크게 부풀어올라 숨 쉴 여유조차 없이 꽉 막아 버렸다. 당시 보우의 〈행장〉에는 "몇 날이 지나도 '무'자 화두에 대한 의심을 깨뜨리지 못해 고심하고 있는 보우의 모습은 마치 완전히 죽은 사람과 같은 형상이었다."고 기록되어 있다. 화두에 몰두해서 식음을 잊은 채 고뇌하고 있는 보우는 흡사 까맣게 서 있는 겨울나무 같았다.

　'무'라!
　도대체 '무'란 무엇인가?
　아니 이건 '유'나 '무'의 문제가 아니다.

　조주스님도 제자들로부터 같은 질문을 받고 어느 경우에는 '무'라고 말하고, 다른 곳에서는 '유'라고 했다.
　어느 제자가 조주에게 이렇게 물었다.
　"개에게도 불성(佛性)이 있습니까?"
　"무(無)."
　개에게 불성이 없다는 대답은 평등의 이치를 주장하는 불교의 근본교리에 어긋난다. 그래서 질문자가 다시 물었다.

"위로는 부처님부터 아래로는 개미까지 모두 부처의 성품이 있다는데 어찌하여 개에게는 불성이 없다는 것입니까?"

"태어나기 전 세상의 업식(業識) 때문이다."

그런데 또 다른 제자가 같은 문제로 물었을 때 조주는 분명 '유(有)'라고 대답하였다.

"불성이 있다면 어째서 개의 껍질을 쓰고 태어나는 것입니까?"

"밝은 지혜(明知)를 범했기 때문이다."

조주의 대답은 언제나 명쾌하다. 그러나 조주는 방편을 말할 뿐 정답을 말하지는 않는다. '유', '무'를 초월하고, 형상과 본체를 초월하는 만물의 본질을 어떻게 한 마디 말로 설명한단 말인가? 스스로 체득해야만 확실히 알 수 있는 것이다. 달마가 '교외별전 불립문자 직지인심 견성성불(敎外別傳 不立文字 直指人心 見性成佛)'이라고 했던 4구도 구구하게 언어를 빌리자니 그렇게 말했을 따름이지 진리의 본질을 말한 것은 아니다. 그것은 누가 가르쳐 줄 수 있는 것도 아니고, 책에 쓰여 있는 것도 아니다.

'무'라는 화두를 방편삼아 침묵의 저편에 귀를 기울이고, 내 안에서 울리는 소리를 들어야 한다.

스산하던 겨울도 거의 지나가고 있었다. 아침저녁으로는 아직 쌀쌀했지만 한낮이 되면 땅에서 따스한 기운이 솟아올랐다. 문풍지에 비치는 햇살조차 달라졌다. 보우는 전단원에서 38세(1338, 충숙왕 복위 7)를 맞이하였다. 떠들썩하게 시작된 새해가 며칠은 경황없이 지나갔다.

다시 '무'자 화두를 들고 선정삼매에 들었다. 한밤중에 일어나 찬물로 세수를 하고 화두에 몰두하지만 여전히 막막하고 답답하였다. 아무런 진전도 없이 이번 석 달의 동안거도 거의 끝나가고 있었다.

그 날도 밤중에 일어나 화두를 붙잡고 선정삼매에 들었다. 시간이 마냥 흘러 별도 기울고 있을 무렵, 불현듯 어둠 속 여기저기에서 불꽃이 튀어오르면서 눈앞이 탁 트이고 모든 것이 명확해졌다. 머리 속의 온갖 상념이, 눈앞에 펼쳐지는 삼라만상이 확실하고 투명하게 속속들이 분명해지는 것이었다. 갑자기 기운이 솟으며 자기 몸뚱이가 공기로 변한 것처럼 가뿐해졌다. 지혜의 빛이 뿜어져 나오며 그 동안 무명에 가려졌던 모든 것들이 환하게 드러나 보였다.

빛으로 목욕하는 듯했다. 이건 분명 개안(開眼)이요, 개심(開心)이었다. 더 이상 무명과 혼돈은 없다.

바야흐로 38세 되는 정월 7일 새벽 5시(五更). 보우는 활연대오의 경지를 마음에 떠오르는 대로 써 내려갔다. 견성을 이룩한 깨침의 노래(悟道頌)다.

조주 고불 늙은이

앉아서 뭇 성인들의 길을 끊는구나
눈앞에 취모검을 들이대도
온몸에 빈틈 하나 없어라.
여우, 토끼들이 자취를 감추니
사자가 몸을 날리며 나타나고
굳은 관문 쳐부수니
맑은 바람은 태고를 불어대누나.
趙州古佛老　　坐斷千聖路
吹毛覿面提　　通身無孔竅
狐兎絶潛蹤　　飜身獅子露
打破牢關後　　淸風吹太古

　옛날 조주스님의 지혜는 날카롭기가 입으로 불어 날린 털도 끊어버린다는 취모검과 같았다. 그 문하에 수많은 고승들의 자취가 명멸했어도 조주를 이을 만한 사자와 같은 자는 오직 보우 자신뿐이라는 담대한 자신감을 나타낸 게송이다.
　시공을 초월한 대자유인의 경지를 읊은 것이다.
　보우의 견성 소식을 듣고 채홍철은 기쁘기 한량없었다. 보우가 예사 인물이 아니라는 것은 익히 알고 있었으나 전단원에 온 지 불과 석 달이 못 되어 이렇게 큰 일을 해낼 줄은 정말 몰랐다. 채홍철은 거의 팔순에 이르도록 살면서 평생에 가장 영광스러운 일이 일어났다며 감격해 마지않았다.

채홍철은 보우를 찾아가, "불법의 영험입니다!" 하고 하례드리며 한 마디 법문을 청했다.

"어디서 조주스님을 보았습니까?"

"물결 앞이며, 물결 밖입니다."

그런 다음 보우는 그를 위해 '무'자 화두로 깨달은 진심(眞心)의 세계를 노래하였다.

옛 시내 찬 샘물을
한 입으로 마셨다가 토하도다
뿌리치고 흐르는 저 물결 위로
조주의 면목 드러나누나.
古澗寒泉水　　一口飮卽吐
却流波波上　　趙州眉目露

감동한 채홍철은 그 동안 자신이 품었던 의심들을 하나 하나 질문하면서 보우의 깨침에 관해 더 자세히 알고 싶어했다. 이윽고 채홍철은 보우에게, "설산(雪山)에서 소 먹이는 일은 어떻습니까?" 하며 소 먹이는 일에 비유해서 장차 중생들을 어떻게 제도할 것인지도 물었다.

보우는 또 시로 대답하였다.

비니(肥膩) 풀이 아무리 부드러워도
한번 씹으면 단지 쓴지 알 수 있어라
한여름에도 오히려 눈이 얼고

한겨울에도 봄기운이 쇠하지 않으리.
엎어져야 하면 엎어지고
거꾸러져야 하면 거꾸러지리
습득(拾得)은 하하 웃고
한산(寒山)은 입을 크게 벌리더라.
肥膩葉葉軟　　一嚼辨甘苦
盛夏雪猶凝　　寒冬春不老
要傾則便傾　　要倒則便倒
拾得笑呵呵　　寒山張大口

눈앞에 보이는 것만 존재의 전부가 아니다. 그 뒷면에는 또 다른 실상이 있다. 삶의 편린에 집착하여 안달복달하지 말고 한산과 습득처럼 유유자적하며 중생들과 더불어 살아야 한다.

아직 해제가 멀었는데도 전단원에는 보우를 만나려는 내방객들이 끊이지 않았다. 보우의 견성 소식을 듣고는 어떻게 하든지 그를 한 번 만나 보려는 사람들이 승속과 귀천을 가리지 않고 줄지어 찾아 왔다.

1천7백 공안을 꿰뚫다

　동안거 해제가 되자 보우는 전단원을 떠나 오랜만에 구름 따라 길을 나섰다. 여러 해 전, 보림사를 떠나 고향으로 올라오면서 선지를 깨치고자 조바심하며 상원암으로, 감로사로 걷던 발걸음이 아니었다. 개경 주변과 황해도, 경기도 일대를 발길 닿는 대로 한가로이 다니면서 산수를 즐기고, 지나가다 선객들을 만나면 산모롱이에 앉아 한담을 나누었다. 한적한 산길을 걷노라면 지난 가을 맺힌 망개나무 붉은 열매가 가시 줄기를 내밀어 소매를 잡아챈다. 그러면 인기척에 놀란 새가 푸드득 날아 오르고, 벌레들이 울음을 멈춘다. 이 시절 자연에 취해서 운수행각하며 무르익는 도심을 노래한 시가 바로 〈운산음(雲山吟)〉이나 〈청춘음(靑春吟)〉 같은 것들이다.

　산 위에는 구름이 참으로 희고
　산 속에는 맑은 물 흐르고 또 흐르니
　이 속에서 살고지고
　흰 구름이 나를 위해 한 자리 비워 주누나.

푸른 산이 웃으며 말하기를
우리 곁에 어찌 일찍 못 왔소
그대여, 푸른 산이 참으로 좋다면
칡덩굴 우거진 속에서 모든 것 쉬어나 보세.
복사꽃은 불타는 듯 붉고
버들강아지 공같이 하얀데
그 중에도 오얏꽃은 하도 하얘서
말 없이 끌어안고 그윽하게 말 청하리.

山上白雲白	山中流水流
此間我欲住	白雲爲我開山區
靑山爲笑我	何不早歸來吾儕
君若愛靑山	藤蘿影裏大休休
桃花紅似火	柳絮白如毹
中有李花白又白	無言引得幽言求

마을이나 저잣거리로 나오면 가난하지만 왁자지껄 떠들며 부지런히 살아가는 모습들이 또한 보기 좋았다. 재잘거리며 노는 아이들이나, 허리를 굽히고 일하는 아낙네들, 지겟짐을 지고 가는 노인들을 한참씩 바라보았다. 고단한 삶에 아무리 힘들고 지쳐도 그 속에는 꺼지지 않고 살아가려는 생명의 힘이 꿈틀거렸다. 측은하면서도 어여쁘기 짝이 없는 백성들이었다.

3월로 접어들 무렵 보우는 드디어 고향으로 돌아왔다. 양주(楊州)와 광주(廣州)가 만나는 경계에 우뚝 솟은 미지산이 저만치 바라보이면서 보우의 가슴은 벌써 벅차올랐다. 이제 어머니를 뵙는다는 생각에 다리와 마음이 서로 앞서거니 하여 발걸음이 얽혔다. 25년 전, 동구 밖까지 따라 나오며 출가하는 아들을 바라보던 모습이 아직도 선명히 떠올랐다.

마을 어귀로 접어드니 고향 마을 대원사의 깃발은 여전히 펄럭이고, 어린 시절 친구들의 집과 사립문들도 시간이 정지된 채 그대로 있었다.

돌각담 너머 화사한 복사꽃이 옛 주인을 먼저 반겨 주었다. 집을 떠나올 때엔 어린 묘목이었는데 그 사이 담장 너머까지 키가 훌쩍 컸다.

아!

나뭇가지 사이로 저기 툇마루에 앉아 있는 저 사람은?

저녁 햇살 아래 고개를 숙이고 소쿠리에서 무엇인가 고르고 있는 자그마한 어깨와 등판이 한눈에 들어왔다.

인기척이라도 느낀 것일까? 갑자기 모친은 머리를 들고 주위를 둘러보더니 다시 소쿠리로 시선을 옮기다가 복숭아나무 사이로 비쳐 보이는 뿌연 그림자에 시선을 고정시킨다.

나뭇가지 사이로 흐릿하게 보여도 서로 단번에 누구인지 알아보았다.

얼마나 시간이 흘렀을까? 이윽고 모친이 몸을 일으키자 아들도 사립문을 들어섰다. 보우는 흙바닥에 몸을 던지며 어머니께 절을 올렸다. 들어오는 아들의 손을 잡으려 걸음을 옮기던 어머니는 깜짝 놀라며 마주 엎드려 절하였다. 대장부가 되겠다고 출가하여 몇십 년 만에 잿빛 옷을 입고 돌아온 아들은 한 어미의 아들이 아니라 이 땅에 살고 있는 수많은 어미와 자식들이 모두 의지하게 될 큰스님이 되었음을 직감적으로 알아보았다.

보우는 모친의 손을 잡고 일어났다. 푹 꺼진 눈꺼풀 속에서 눈동자는 반가움으로 빛나고 있었으나 얼굴에는 세월의 흔적이 너무도 뚜렷이 각인되어 있었다. 매몰차게 집을 나섰던 것이 엊그제 같은데 고향으로 돌아오는 길은 이다지도 멀었나보다.

보우는 어른거리는 호롱불빛 아래 앉아 아무 말도 못하는 모친의 심정을 헤아리면서 그 동안의 불효가 얼마나 막심했는지 가슴이 사무쳐 왔다.

하룻밤을 머문 보우는 대원리와 가까운 사나사(舍那寺)로 거처를 정하고 오도(悟道)의 열매를 착실히 단련하는 보림(保任)에 들었다. 고려초에 창건되어 노사나불이 상주한다는 사나사는 모친의 친정 마을 바로 위에 있는 절이다. 산이 병풍처럼 둘러싸고 있어 안온한데다 아담한 규모와 한적한 분위기로 보림의 장소로도 적당했지만 뒤늦게나마 모친을 가까이에서 보살펴 드릴 수 있는 곳이었다. 후원 옆으로는 작은 시내가 흘렀는데 보우는 개울 건너 초당에 머물기로 하였다.

경기도 양평
용문산 사나사

　보우는 준비해 온 《경덕전등록》과 《선문염송》을 책상 앞에 펼쳐 놓았다. 《경덕전등록》은 1005년 중국 송나라에서 편찬된 것이고, 《선문염송》은 수선사(修禪社, 현재의 순천 송광사)에서 명망을 떨쳤던 혜심(慧諶, 1178~1234)이 편찬한 것이다. 두 가지 모두 과거 일곱 분의 부처님(過去七佛)으로부터 선종사에 길이 빛나는 1천7백여 명의 역대 조사들을 소개한 책인데 거기에는 법등(法燈)을 전해 받은 순서대로 그들의 생애와 어록이나 공안(公案), 그리고 게송(偈頌)들이 수록되어 있다.

　보우는 두 가지 책을 비교하며 1천7백 공안을 하나라도 놓칠세라 주도면밀하게 검토해 나갔다. 6세기 인도에서 온 보리달마로 인해 중국에 선법이 선양되기 시작하면서 기라성 같은 조사 스님들이 나타나 뛰어난 예지와 고매한 정신으로 선지를 단련하고 실천해 간 자취는 경이로움 그 자체였다.

  그들이 남긴 흔적을 살피노라면 기존의 관념이나 상식, 가치관들은 여지없이 박살나 버린다. 지금껏 우리가 알고 있는 모든 지식은 옹졸한 편견에 지나지 않았음을 깨닫게 된다. 그들이 뱉어내는 거칠고도 단호한 말 한 마디에 사람들은 비수를 맞은 듯 얼이 빠져 버린다. 방자하고도 직설적인 언어가 난무하고, 벽력 같은 고함 소리가 터지는가 하면, 난데없이 몽둥이가 날아 오기도 한다. 그들이 법을 가르치고 배우는 모습은 너무나 절박해서 처절하고 잔인하기까지 했다. 그러나 존재의 핵심을 꿰뚫어보는 직관력과 구도를 향한 열정은 오만할 만큼 아름다웠다.

  《임제록》의 이야기를 빌려 보자.

도를 닦는 사람들이여, 법다운 견해를 얻고자 한다면 사람을 미혹하는 것들을 결코 받아들여서는 안 된다. 안에서도 밖에서도 무언가 마주치는 것은 모두 끊어 버려야 한다. 부처를 만나면 부처를 죽이고, 조사를 만나면 조사를 죽이고, 나한을 만나면 나한을 죽이고, 부모를 만나면 부모를 죽이고, 친척을 만나면 친척을 죽여야 비로소 해탈할 수 있는 것이다. 일체 사물에 구애되는 일 없이 철저한 해탈 자재의 경지를 얻어야 한다.

가진 것은 있는 대로 모두 털어 버리고 처음부터 다시 시작했다. 여태껏 자신을 지탱해 주던 것들은 모두 도리어 자기를 얽어매는 굴레였다. 모든 것을 한결같이 부정하고, 죽음과 같은 고독과 질식할 듯한 의혹, 환장할 듯한 유혹의 관문들을 남김 없이 통과해야만 깨달음의 문턱에 이를 수 있다.

스스로의 힘이 아니면 진리를 체득할 수 없고, 그렇게 얻은 진리만이 우리에게 자유를 준다. 누구나 부처의 성품을 지니고 있다는 본래면목을 깨치는 것이 우선의 과제다. 그러면 삶의 문제는 해결되는 것이 아니라 해소되어 버린다.

눈 밝은 조사 스님들의 일화는 가히 전설적이었다.

단하(丹霞, 739~824)스님은 낙양 혜림사에 머물 때, 몹시 추운 겨울 어느 날 법당에 있는 목불(木佛)을 가져다 아궁이에 불을 땠다. 그 절의 원주스님이 놀라서 뛰어와 펄펄 뛰자 단하는 넉살좋게 부처님을 태워 사리를 얻으려 한다고 태연히 말하였다. 원주가 목불에서 무슨 사리가 나오느냐고 화를 내자 그는, "만약 사리가 없는 부처라면 불을 땐들 어찌 나를 원망할 수 있소?" 하며 도리어 꾸짖었다고 한다.

'덕산방(德山棒)'이나 '임제할(臨濟喝)'이라는 말들은 조사 스님들이 제자들을 가르치던 방편이었다. 덕산(德山,

780~865)스님은 제자들이 옳게 말해도 방망이로 30대를 때리고 틀리게 말해도 30대를 때렸으며, 임제(臨濟, ?~866)스님은 수행자를 제접할 때 누구에게나 갑자기 고함을 질러댔었다.

 선사들은 또 제자들이 도의 본체를 깨닫도록 하기 위해 화두를 던진다. 화두 역시 불도에 이르는 한 방편인데 '이 뭣고?(是甚麼)' 같은 한 가지 화두를 가지고 생각을 집중하라고 가르쳤다. 또는 도나 부처에 관해 묻는 제자들에게, '뜰앞의 잣나무', '차나 한 잔 들고 가게', '마삼근(麻三斤)', '마른 똥 막대기(乾屎橛)'라고 답하거나, 아니면 침묵으로 대답을 대신하기도 했는데 이 역시 화두가 되었다. '백척간두진일보(百尺竿頭進一步)'와 같이 백 척이나 되는 높은 나무 꼭대기에 서서 한 발짝을 더 내디디라고 하여 삶과 죽음을 초극케 하는 아찔한 화두도 있다. 이런 것들을 일컬어 '선문답'이라고도 하는데 일반인들의 입장에서 보면 분명 엉뚱한 동문서답이고 횡설수설이었다.

 보우는 여러 공안들을 점검하다가 한 번씩 무릎을 펴기 위해 툇마루를 나선다. 밤하늘엔 수많은 별이 초롱초롱 빛나고, 가끔 별똥별이 하늘을 가르며 쏜살같이 떨어진다. 어릴 적에는 별똥별이 동네 개울 건너로 떨어진 것 같아 그걸 주우려고 덤불 속을 마구 휘저으며 뛰어 다녔다. 은하수와 별들이 아무리 현란하게 반짝여도 달이 떠

경기도 양평 사나사의 보우 부도(위)와 비석(아래)

오르면 아무도 그 달빛 하나를 이기지 못한다. 자신의 수행도 언젠가 깜박이는 별보다는 천지를 다 밝힐 수 있는 월광(月光)보살처럼 큰 자비심을 펼 수 있어야 한다.

보우는 사나사에서 조사들의 공안을 점검하고 자신이 득도한 경계를 보림하며 거의 1년을 지냈다. 틈나는 대로 마을에 내려가 모친께 문안도 여쭈었다. 그 동안 못다 한 효도를 보상이라도 하듯 모친을 찾을 때마다 손수 양식을 살피고, 한참씩 곁에 앉아 말동무를 해 드렸다.

모친을 만나고 돌아오는 산 길목에는 진달래가 지고 조팝나무 꽃이 군데군데 무리지어 한창이었다. 좁쌀 만한 흰 꽃들이 가지를 온통 휘감고 피는 조팝나무는 마치 아가씨가 바람에 부풀리는 하얀 치마를 입고 앉아 있는 모습이었다. 풀섶으로는 그가 좋아하는 무릇과 원추리들이 잔뜩 어우러져 도란도란 자랐다.

재빠르게 봄이 지나더니 어느 결에 여름도 무더위가 한 풀 꺾였다. 조롱조롱 달린 아가위나무 열매가 붉은 빛을 띠기 시작했다. 계절은 어김없이 순서를 따라 지나고 있었다.

1천7백 개나 되는 공안을 하나씩 점검하는 일은 순조롭게 진척되었다. 공안 하나하나는 모두 기발하고 독특했는데 어느 것이고 결국은 하나의 진리로 꿰뚫려 있었다. 다만 진리에 이르는 길이 조금씩 다를 뿐이었다.

조사들의 번득이는 활구와 촌철살인의 매서운 한 마디

로 어려운 관문을 극복하는 기민한 지혜를 대하면서 보우는 무릎을 치고, 미소를 지었다. 시간과 공간을 뛰어넘어 옛날 조사들과 대화를 나누는 시간은 참으로 행복했다.

　여러 공안들을 참구하던 어느 날, 보우는 "암두가 차근차근 자신의 처분을 밝히다(巖頭密啓處)"는 구절에서 그만 막히고 말았다.

　암두(巖頭, 828~887)스님은 칼날같이 날카로운 정신을 타고난 선승인데, 남에게 절대로 굽히지 않는 태도는 자기의 스승 덕산이나 동산(洞山, 807~869)을 대할 때도 그랬다. 암두는 어느 날 덕산을 찾아가 들어서자마자, "이것이 범(凡)입니까? 성(聖)입니까?" 하고 물었다. 덕산이 대답 대신 크게 고함을 치자 암두는 그를 향해 절을 올렸다.

　어떤 사람이 이러한 사실을 동산에게 전하자 동산은, "암두가 아니라면 아무도 그렇게 하기는 어려울 걸" 하고 대답하였다.

　이러한 동산의 말을 전해 들은 암두는 소리치며 말하기를 "동산, 그 늙은이가 앞뒤도 없이 판단을 그르쳤구나. 그 때 내가 한 말은 한편으로는 그(덕산)를 누르고, 다른 한편으로는 저를 누른 것이었는데" 하였다.

　처음에 암두가 덕산에게 범인지 성인지에 관해 질문한 것은 범과 성의 구분이 없음을 말하려는 것이었다. 이 때 덕산이 고함을 지른 것도 긍정과 부정의 상대성을 초월하는 것에 동의를 표한 것이다. 이어서 암두가 덕산에게 절한 것은 인사를 드린 것이 아니라 덕산에게 보내는 또 다른 질문이었다. 덕산은 잠시 전 고함을 쳐서 절대 진리를 나타냈던 것을 그만 잊어버리고 덕산과 암두라는 상대적인 상(相)에 걸려 자기가 성인이나 된 양 멀거니 앉아서 절을 받고 말았다. 이로써 암두는 이미 스승을 뛰어 넘는 경지에 올라 있었음을 확인한다. 그리고 이 일화를 전해 들은 동산 역시 상대적인 상에 걸려 있음을 암두가 한탄했던 것이다.

그 뒤 암두는 사람들에게 말하기를, "나는 30년 동안 동산에게 참예했지만 동산을 따르지 않으며, 덕산의 법을 이었으나 덕산을 따르지 않는다. 그러나 덕산화상은 잊을 수 없는 사람이다."라고 회고하였다.

특히 암두가 덕산에게 절을 올린 것에 대해 후대의 조사들은, '사람을 죽이기도 하고, 살리기도 하는 칼'이라고 하는가 하면, '하나의 시위로 두 마리 독수리를 떨어뜨렸다'고 찬탄하면서 암두의 날카로운 통찰력을 극찬하였다. 선가에서 법을 계승하는 불문율의 하나로, '앎이 스승과 같을 때는 스승의 덕을 절반으로 줄인다. 불법은 앎이 스승보다 뛰어난 사람에게 전할 만한 것이다'는 말이 있다. 암두야말로 스승을 뛰어 넘는 웅걸찬 도량을 가졌던 것이다.

보우는 암두의 일화를 곱씹으며 막힌 구절을 푸느라 이리저리 애쓰며 얼마를 지냈다. 마치 처음 화두를 타는 초심자같이 아무런 단서도 떠오르지 않고 생각의 앞뒤가 꽉 막히는 것이었다. 황당하고도 답답했다. 생각이 머리 속을 뱅뱅 돌기만 할 뿐 어디서부터 실마리를 찾아야 할지 난감하였다. 어느 때는 골똘히 생각에 사로잡혀 있는 것이 더 큰 장애 같아서 갑갑함을 털어 내고 새롭게 생각을 전환시키려고 냇가에 돌을 치우기도 하고 일없이 며칠씩이나 미지산을 헤매고 다니기도 하였다.

그러던 어느 날 아침, 갑자기 암두의 뜻이 명확하게 꿰뚫렸다. 그는 무릎을 치며, "암두스님이 활시위를 잘 쏘기는 했지만 이슬에 옷 젖는 줄은 몰랐구나!"하며 그의 살림살이가 얼마만큼인지 드디어 간파해 버렸다. 그리고 암두의 가장 난해한 화두인 '마지막 한 마디(末後句)'에 관해서도 관문을 뚫고 나자 "마지막 한 마디를 아는 이가 천하에 몇 사람이나 있겠는가?" 하면서 현묘한 선지(禪旨)를 얻은 환희를 감추지 않았다.

암두의 관문을 통과하자 공안에 대해서는 더 이상 막히는 것이 없었다. 온갖 우주만물의 이치를 훤하게 꿰뚫어 밝힌 것이다. 모든 것이 투명해지고 명징했다. 선방에 참예하여 화두를 튼 지 20년 만에 견성과 보림을 모두 달성한 것이다.

보우의 나이 38세였다.

태양이 솟으면 어둠은 사라지듯이 보우도 그랬다. 더는 어느 것에도 미혹되지 않았다.

자성(自性)은 시간과 공간을 초월하기 때문에 아무 데도 존재하지 않는 동시에 또한 어디에도 존재한다. 누구나 자성을 되찾으면 무지와 탐욕으로 지어내는 일체의 장애와 두려움에서 벗어난다. 그러면 일할 때나 놀 때나 항시 즐겁고, 살거나 죽거나 아무 차별이 없게 된다.

날이면 날마다 좋은 날이다.

임제선사는 이러한 경지에 이른 사람을 '참사람(眞人)'이라고 하였다. 이들은 물에 들어가도 젖지 않고, 불에 들어가도 타지 않는 무의도인(無依道人), 또는 무위진인(無位眞人)이었다. 그들은 영원한 정신적 자아를 찾았으므로 육체적 한계를 초탈해서 더는 제행무상한 현상계에 휘말리지 않는다. 보우는 진리와 더불어 하나가 되었으며, 진아(眞我)를 찾은 명안(明眼)선사로 거듭 태어난 것이다.

이듬해(1339, 충숙왕 복위 8) 봄이 되었다. 어린아이 잇몸에 새 이가 돋듯이 뜨락에는 붓꽃이 새순을 틔우고 있었다. 을씨년스런 겨울 나무에도 파란 새잎이 손톱만큼 나왔다. 딱딱한 껍질 속에서 움츠리고 있던 눈(芽)이 한 겹씩 껍질을 벗고 뾰족뾰족 새순을 내미는 모습은 생명의 환희 그대로였다.

한여름 숲은 모두 진녹색 한 가지뿐이지만 이른 봄 새

싹의 빛깔은 저마다 달랐다. 연한 연둣빛을 고르기도 하고, 노르스름한 싹을 내미는 나무도 있다. 좀더 연한 색, 좀더 진한 색, 한 나무도 같은 색이 없었다. 한껏 멋내기를 좋아하는 나무는 빨간빛으로 새순을 단장하고 나온다. 저마다 다른 빛깔의 잎새를 틔우는 봄산은 갖가지 꽃이 핀 꽃동산보다 더 화사했다.

　겨울이 지나도록 조사들의 공안에 매달려 있던 보우는 피로에 지친 심신을 쉴 겸 문득 봄바람이 쐬고 싶었다. 한 곳에 오래 머무르지 않고 떠돌아다니는 것이 본래 승려들의 또 다른 모습이다. 그러면서 인정이나 장소에 대한 집착도 끊고, 세상 물정도 익히며 하심을 키운다.

　보우는 마을로 내려가 모친께 하직 인사를 드렸다. 모친은 이런 날이 올 줄 예견하고 있었다는 듯 머릿장을 열더니 보자기에 곱게 싸인 버선을 꺼내 주었다. 발을 편하게 보호하도록 꿰매져 먼 길을 걸어도 탈이 없게 만들어진 버선이었다. 언제 다시 만날지 모르는 아들이라 만나고 헤어질 때마다 마지막 만남인 양 흐린 눈을 비비며 한 땀씩 정성으로 지은 버선이었다.

　보우는 그가 존경하는 원효스님이 한때 머물렀다고 하는 경기도 소요산으로 향했다. 소요산은 별로 높지 않지만 경기의 소금강이라는 별명이 어울리게 경치가 뛰어나고 거대한 노송이 울창하게 우거진 것이 태고의 신비를 간직하고 있었다. 산 중턱에는 원효가 수행했다는 원효대

경기도 동두천
소요산 백운선원

라는 암반이 있고 더 올라가면 하백운대, 중백운대를 지나 제일 높은 봉우리인 상백운대에 이르게 되는데 정상 부근에는 날카롭기가 칼날 같은 바위들이 줄지어 있었다. 상백운대를 지나면 나한대, 의상대를 비롯한 봉우리들이 연이어 있어 언제라도 옛날 원효, 의상스님을 비롯하여 수많은 나한, 보살들과 법담을 나눌 수 있는 곳이었다.

　보우는 소요산 서북자락, 원효대 근처의 백운암에 머물기로 하였다. 보우는 이 곳에서 자연과 도심이 어우러지는 경계를 즐기며 문자 그대로 소요했다. 귓불을 간지럼 태우는 바람과 희롱하며, 시리도록 차가운 냇물에 발을 담그고 앉아 송사리니, 가재 따위와 물장난을 쳤다. 속인의 생활도 아니고 성인의 생활도 아닌 것이 당시 수행자 보우의 일상이었다.

진리란 밖에서 찾는 것이 아니라 물들지 않은 본체를 자각하는 것이다. 온갖 존재의 다양한 모습이 그대로 여여한 진리의 실체였다. 나무가 푸른 것이, 물이 흐르는 것이, 구름이 모였다 흩어지는 것이 모두 각자의 본분이었으며 그대로가 진리의 설법이었다.

보우는 이 곳에서 약 2년을 머물면서 연작시 〈백운암가(白雲庵歌)〉를 남겼다. 그 중 몇 편을 골라 그 시절의 보우를 만나 보자.

소요산 걸려 있는 저 흰 구름
떠오르는 달과 내내 동무하누나
때론 맑은 바람 일없이 지나가며
다른 산의 절경을 전해 주더라.
逍遙山上多白雲　　長伴逍遙山上月
有時淸風多好事　　來報他山更奇絶

문득 산 속으로 돌아오니
산빛 물들고 시냇물 소리치누나
옛 암자 아련히 안개 속에 누워 있고
구름과 연이은 험한 길엔 푸른 이끼 미끄러워라.
刹那歸來此山裏　　山光着色水鳴咽
古菴依俙非霧間　　連雲畏道蒼苔滑

나는 장차 어찌 사람들을 위하려나
봄, 여름, 가을, 겨울 좋은 시절에
더우면 냇가, 추우면 화롯가
한가로운 흰 구름 잘라 밤이 오는 것을 막으리라.
我今將何爲今人　　春秋冬夏好時節
熱向溪邊寒向火　　閑截白雲夜半結

피곤하여 백운루에 한가로이 누우면
쏴악 쏴악 쓸쓸한 솔바람 소리
그대여, 남은 여생 이리 와서 보존하세
배 고프면 나물밥, 목 마르면 샘물이로다.
困來閑臥白雲樓　　松風蕭蕭聲浙浙
請君來此保餘年　　飢有蔬兮渴有泉

보우가 이렇게 소요산에 머물고 있을 때, 한 번은 무극(無極)이란 중국 승려가 다녀갔다. 그는 뛰어난 재주와 능숙한 언변으로 많은 선지식들과 양양하게 법력을 겨뤘던 인물이지만 며칠을 머물다 보니 드디어 보우에게 마음으로부터 승복하지 않을 수 없었다. 마침내 그는 숙연한 자세로 보우에게 다음과 같이 말했다.

"내가 아는 것은 이 뿐입니다. 어찌 다른 뜻이 있겠습니까? 지금 남조(南朝, 중국 강남 지방)는 임제스님의 법맥이 아직 끊어지지 않았으니 거기 가서 인가를 받으십시오. 창도사(唱導師)와 본분 작가(作家) 어른들이 사람을 기다린 지 오래되었습니다. 그 분들은 바로 임제의 직계며, 설암(雪巖, ?~1287)의 적손(嫡孫)으로 석옥청공(石屋淸珙, 1272~1352)을 위시하여 몇 분이 계십니다."(〈보우행장〉)

보우의 귀가 번쩍 뜨이는 소식이었다.

인가란 불법의 정통한 이치에 통달했음을 공식적으로 검증받는 것으로 선가에서는 눈 밝은 스승을 찾아 인가를 얻어야만 견성했음이 공인된다. 누구나 자기가 깨달은 것이 부처님의 정법안장이라고 주장하지만 많은 선승들이 이 과정을 거치는 사이 그것은 아직 덜 익은 열매이거나 아니면 망상에 빠져 얻은 삿된 견해로 판별되는 경우가 허다했다. 인가를 거치지 않은 잘못된 깨침은 그로 인해 뒷날 실로 엄청난 해악으로 미칠 수 있기 때문이다.

보우는 이듬해 즉시 중국으로 가려 했지만 여러 가지 사정으로 여의치 못했다. 바다 건너 중국으로 가는 길은 아무런 준비 없이 선뜻 나설 이웃 마을이 아니었다. 마침 개경에서는 보우에게 가장 큰 복전(福田)이었던 전단원의 주인 채홍철이 노환으로 세상을 떠났다. 대신 아들 채하중(蔡河中, ?~1358)과 채하중의 친구 김문귀(金文貴)가 찾아와 한양의 삼각산 중흥사에 주석해 주기를 간청하였다. 보우는 하는 수 없이 다음 기회를 기다리며 한양으로 가면서 중국으로 돌아가는 무극에게 아쉬움을 담은 작별의 시를 지어 주었다.

서천(西天)서 온 한 곡조를 아는 사람 그리 없소
백아(伯牙)는 있건만 종자기(鍾子期)가 없구려
홀로 고요히 앉아 깊은 밤 지새울제
지는 달은 주렴 뚫고 선의(禪衣)를 비추누나.
西來一曲沒人知　　雖有伯牙無子期
獨坐寥寥向深夜　　透簾殘月徹禪衣

옛날 춘추시대의 유명한 음악가인 백아가 오로지 자신의 음률을 이해해 주던 친구 종자기가 세상을 뜨자 거문고 줄을 끊어 버렸던 고사를 떠올리며 달마의 선법을 깨쳐도 자신을 알아 줄 사람이 없음을 한탄하였다.

만수선원의 문지방

41세(1341, 충혜왕 복위 2)가 된 보우는 남으로 길을 잡아 한양 삼각산으로 향했다. 한양으로 들어서자 높이 치솟은 삼각산의 암봉들이 한눈에 들어왔다. 하얀 바위가 우뚝 솟아 있고, 시원하게 뻗은 검푸른 산능선의 품이 제법 넉넉하였다. 첫눈에 명산이라는 느낌이 들었다. 한양 북쪽에서부터 개울을 따라 산 발꿈치를 돌며 서북 방면으로 가서 다시 한 시간쯤 오르자 노적봉 아래 중흥사가 나왔다.

현재 고양시 북한동에 있는 중흥사는 창건 연대를 알 수 없는 고찰이다. 보우가 도착했을 즈음 중흥사는 낮은 지붕에 비좁은 방이 몇 개 있는 작은 암자에 불과했다. 보우는 우선 선원을 열 수 있도록 쓰러져 가는 건물을 보수하고 개축하는 일부터 시작했다.

채하중과 김문귀의 시주를 받아 재목을 장만하고 일꾼을 모아 30여 칸의 건물들을 갖추면서 여러 모로 손을 본 결과 사원의 면모가 일신되어 보우는 중흥사의 중신조(重新祖)가 되었다.

당우를 완성하고 보니 산 속 치고는 꽤 넓은 사역(寺域)에 양편으로는 시내가 흐르고 서북자락인데도 양광이 무척 밝았다. 보우는 거기서 150보 정도 떨어진 동쪽 언덕에 터를 잡고 작은 암자를 또 하나 지었다. 암자 창방 위에는 그의 법호를 따서 '태고암'이라는 현판을 붙였다. 손바닥만한 암자에 손톱만한 마당이 딸린 조촐한 곳이지만 정갈하고 아늑했다.

태고암에서 암자 뒤로 능선을 오르면 근처에 태고대라고 하는 바위가 있다. 그 위로 올라서면 한 사람이 가부좌하고 앉을 만한 자리가 있고, 주변에는 소요산처럼 이곳에도 원효봉, 의상봉, 나한봉 등 봉우리가 즐비하게 펼쳐지는데다가 원당, 덕양의 들판까지 한눈에 들어온다. 그야말로 저절로 도심(道心)이 자랄 수 있는 천연의 좌선대였다.

보우는 처음으로 손수 선방을 열고 제자들을 받았는데 선원의 이름을 만수선원(萬壽禪院)이라고 했다. 중흥사에서 보우가 선원을 열었다는 소식이 알려지자 여러 곳의 승려들이 구름처럼 몰려들어 중흥사는 유례 없이 승려들로 붐볐다. 여기서 보우는 5년 간 수행 납자들을 지도하며 그들의 눈을 뜨게 하고자 정성을 쏟았다.

만수선원의 꽉 짜인 하루 일정표에 따라 수행자들은 침묵 속에서 뜨겁게 정진하였다. 비좁은 공간에서 수십 명이 생활하는데도 선원은 그야말로 절간처럼 조용했다.

경기도 북한산
중흥사의 옛모습

그러나 혼신의 힘을 다해 참선에 몰두하는 젊은 비구들이 뿜어내는 열기는 같은 산에 살고 있는 무정물들에게도 힘을 솟게 하였다. 산은 더 늠름하고, 바위는 더 굳세어지고, 나무는 더 청청해졌다.

보우는 제자들을 가르칠 때 법어를 내리기도 하고 말없이 실천으로 모범을 보이기도 했지만 간혹 우연을 빙자한 굴절된 상황을 통해 역설적인 방법으로 진리를 나타내기도 했다. 지난날 자신이 회암사에서, 그리고 보림사에서 수행의 첫발을 내디딜 때 잠깐씩 스승들과 조우했던 순간들을 회상해 보면, 그 때의 장면들이 스승의 살뜰한 배려였음을 나중에야 깨우칠 때가 많았다.

경기도 북한산
태고암

출가승들에게 있어 사제지간은 부자지간이나 다름없다. 자식을 낳고 길러 봐야 부모의 속을 안다고 보우도 가르침을 펴야 하는 입장이 되고 보니 그를 키워 준 은사 스님들의 은혜를 더욱 절감할 수 있었다. 그가 견성을 이룬 것은 자기 혼자만의 힘이 아니었다. 그 뒤에서 부모님과 여러 은사님, 그리고 함께 수행했던 많은 도반들, 또한 잠시 마주쳤다 헤어진 크고 작은 유정, 무정의 인연들 모두 보우를 이끌어 준 것이다.

중흥사에서 제자들을 대하노라면 가끔 눈이 번쩍 뜨이는 재목을 만날 때가 있었다. 그러면 보우는 더욱 매정하고 혹독하게 그들을 다그쳤다. 선승들에게 보우는 누누이 강조했다.

화두를 들 때는 어미닭이 알을 품었을 때 따스한 기운을 유지하듯, 고양이가 쥐를 노릴 때 잠깐도 눈을 떼지 않듯 하여 몸과 마음이 있는지 없는지 느끼지 못해야 하며, 마음과 화두를 한 곳에 매어 두어야 한다.

어린애가 어머니를 생각하듯, 주린 사람이 밥을 생각하듯, 목마른 사람이 물을 생각하듯 하여, 그만두려 해도 그만둘 수 없이 생각나고 또 생각날 정도로 집중하라고 이르면서 조금도 틈을 주지 않았다.

스승으로서 제자를 키우는 것은 견성을 얻은 자의 의무이며 회향(廻向)이다. 상구보리(上求菩提)의 수행을 마친 다음에는 중생들의 세계로 다시 돌아가 동사섭행(同事攝行)하여 하화중생(下化衆生)을 실현해야 하는 것이다. 이것이 곧 이류중행(異類中行)의 길이기도 했다.

보우는 또한 나름대로 선방에서 지켜야 할 규칙도 구체적으로 마련하였다. 이것은 만수선원에 온 사람이면 누구나 지켜야 할 독특한 규약이면서 동시에 하루에 한 번씩 각자를 반성케 하는 것이었다.

첫째, 승당에서 잡담하지 않고 조사들의 어록을 보았는가?

둘째, 승당을 떠나지 않고 법도를 지켰는가?

셋째, 거닐거나 섰거나 앉거나 눕거나 화두를 점검하되 하루 스물네 시간 끊김이 없었는가? 죽을 먹거나 밥을 먹을 때에도 점검하였는가? 남과 이야기할 때에도 잊지 않았는가? 엎어지고 자빠지는 경황중에도 화두를 들고 있었는가?

넷째, 승당에 앉아서 곁사람과 귓속말을 하지 않았는가?

다섯째, 이따금 사람들과 어울려 한가한 잡담을 하며 남의 옳고 그름을 선동하지 않았는가? 남의 허물을 보거나 남의 잘못을 말하지 않았는가?

여섯째, 좋을 때에도 자기를 돌아보았는가?

일곱째, 상중하의 자리를 불문하고 서로 공경하였는가?

여덟째, 섰거나 앉거나 편히 있을 때에도 지옥의 고통을 생각하였는가?

조목조목 열거되어 있는 만수선원의 규약은 매우 엄격하게 지켜졌다. 누구든지 만수선원의 문지방을 넘어 온 이상 철저히 준수하지 않으면 안 되었다.

보우의 글 가운데 선승이라면 갖춰야 할 기본적인 자세를 제시한 〈참선명(參禪銘)〉이라는 노래가 있다. 이것은 보우가 살던 시대를 뛰어넘어 오늘날에도 요긴하며, 비단 수행자들에게만 아니라 마음의 평화를 바라는 모든 사람들의 가슴에 새겨 둘 만한 내용이다.

세월은 번개처럼 빠르니

광음을 아껴 써라
삶과 죽음은 호흡 사이
하루를 기약하기 어렵도다.
다니거나 섰거나 앉거나 눕거나
촌음을 헛되이 마라
용맹하게 정진하기를
우리 큰스승 석가처럼 하여라.

日月似電光　　光陰良可惜
生死在呼吸　　難以保朝夕
行住坐臥間　　寸景莫虛擲
勇猛加勇猛　　如我本師釋

정진에 정진을 더하면
마음자리 밝고 고요하리
부처님 뜻 깊이 믿어
모름지기 근본에 힘쓰라.
마음이 곧 천진한 부처인데
어찌 수고로이 밖에서 찾으랴
갖가지 일에서 눈길을 거두면
철벽 같은 구경의 진리에 이르리라.

精進復精進　　心地等惺寂
深信佛祖意　　須要辦端的
心卽天眞佛　　何勞向外覓
放下萬事看　　路窮如鐵壁

망령된 생각 모두 없애고

없앴다는 그 곳마저 없애면
몸과 마음 허공에 떠 있는 듯
고요한 가운데 광명이 빛나리라.
본래 면목이 무엇인가
화살은 잠시 사이 돌조차 뚫는구나
의심덩이 산산이 부서지니
한 물건이 푸른 하늘을 덮으리라.

妄念都滅盡　　盡處還抹郤
身心如托空　　寂然光達赫
本來面目誰　　纔擧箭沒石
疑團百雜碎　　一物盖天碧

지혜 없는 사람과 말하지 말며
기쁘다는 생각도 내지 마라
반드시 종사(宗師)를 찾아뵙고
근기를 드러내어 거듭 청하라.
그런 뒤에야 조사의 이름을 이어
가풍을 드날리리라
피곤하면 다리 뻗고 자고
배고프면 입맛대로 먹으리.
누가 무슨 종파냐고 묻거든
방(棒)과 할(喝)을 비 오듯 쏟으리라.

莫與無智說　　亦莫生悅懌
須訪見宗師　　呈機復請益
然後名繼祖　　家風不偏僻
困來展脚眠　　飢來信口喫

人間是何宗　　棒喝如雨滴

　선원생활은 끝없이 이어지는 좌선에다가 하루도 거르지 않는 울력과 엄격한 규약이 따랐지만 모두 말과 행동이 극도로 절제된 속에서 착실하게 진행되었다. 만수선원은 보통의 근기 없이는 견디기 어렵다는 소문이 선승들의 입을 통해 파다하게 퍼져 나갔다. 그런데도 시간이 지날수록 만수선원의 문지방을 넘어 오려는 납자들의 수는 점점 더 늘었다. 만수선원을 거쳐 간 선승들에게서 묻어 나오는 어딘가 달라 보이는 눈빛과 기상 때문에 보우의 명성은 날로 높아 갔다.

　승려들 가운데는 보우의 그늘 아래서 수행하고자 안거철이 끝나도 선방을 떠나지 않고 산문을 두문불출하며 몇 해씩 눌러앉아 정진하는 사람도 여러 명이었다. 따라서 만수선원에 입방하는 것은 누구나 마음먹으면 언제라도 가능한 것이 아니었다. 해제가 되어도 선방의 자리는 겨우 몇 개만 비기 때문에 선방 경력이 두텁고 수행력이 남다르다는 은사스님의 추천서를 내고 시험을 거쳐야만 비로소 입방 허락이 떨어졌다.

　당시 보우에게 출가하여 수행했던 대표적인 인물이 고저찬영(古樗粲英, 1328~1390)이다. 뒷날 보우의 상수제자로 각광받는 찬영은 보우와 같은 양주 태생으로 불과 14살의 나이에 그의 문하로 들어왔다. 이후 찬영은 보우의 선방을 자주 참예하고 전국의 선원을 두루 거치면서 단련하여 스승 못지않은 일가를 이룬다. 뒷날 보우가 입적했을 때에는 곧 바로 스승을 이어 왕사로 책봉되었다가 사후에는 국사로 추증되는 인물이다.

보우는 제자들을 가르치는 틈틈이 태고대 바위에 앉아 단전에 힘을 모으고 좌선에 들었다. 피곤할 때에는 그대로 바위에 누워 잠시 쉰다. 눈을 감으면 하늘에 떠가는 구름이 해 그림자를 내렸다 걷었다 하느라 눈꺼풀이 밝아졌다 어두워졌다 하였다. 그러노라면 자신도 어느 결에 한 조각 구름이 되어 하늘 속을 함께 흘러갔다.

그 때 바람이 살랑거리며 코끝으로 풍겨오는 솔 향내는 참으로 좋았다. 봄날 마당을 노랗게 물들이는 송화 가루의 보드라운 빛깔과 어린 송기를 씹을 때의 촉촉하고 달콤한 맛, 그리고 한밤중에 솔잎 사이로 보이는 별을 좋아했다. 솔잎이 노란 연둣빛으로 바늘 끝 같은 침을 조금씩 내미는 모습도 사랑스럽지만 깊어가는 가을에 온몸에 소름이 돋은 듯 하얀 서리를 듬뿍 쓰고 있는 모습은 어딘가 처연한 아름다움을 풍겼다. 보우는 중흥사 만수선원과 태고암의 조촐한 살림살이에 자족하며, 삼각산의 구름과 소나무를 벗 삼아 산 속에 묻혀 지냈다.

당시 보우가 지은 장편시 〈태고암가(太古庵歌)〉는 한적하고 자유로운 도인의 넉넉한 도심(道心)이 배어 있는 그의 대표적인 시다. 이것은 그 때까지 그가 이룩한 정신

세계의 결정체로서 6언 및 7언으로 이어져 모두 84구의 게송으로 되어 있다. 그 중의 일부를 함께 음미해 보자.

구슬누각 옥궁전을 어이 차마 견주리
소실(少室)의 옛 풍류도 본받지 않았다오
팔만사천 온갖 문을 모조리 쳐부수니
저 건너 구름 밖엔 청산이 푸르구나.
珠樓玉殿未爲對　　少室風規亦不式
爍破八萬四千門　　那邊雲外靑山碧

거칠어도 음식이요, 정갈해도 음식이니
그대들은 잡히는 대로 맛이나 보오
운문의 호떡과 조주의 차 맛인들
어떻다, 우리 암자 맛 없는 밥만 하리오
본래의 옛 가풍이 이러하거늘
그대에게 기특하다 논할 자 누구리오?
麤也飡細也飡　　任你人人取次喫
雲門胡餠趙州茶　　何似庵中無味食
本來如此舊家風　　誰敢與君論奇特

한 가닥 털끝 위에 자리한 태고암
넓은 듯 넓지 않고, 좁은 듯 좁지 않구나
무궁한 세계가 다 숨어 있고
뛰어난 기틀이 바로 하늘로 뚫려 있어
삼세의 부처도 만날 수 없으며
역대의 조사도 나올 수 없더라.

一毫端上太古庵　　寬非寬兮窄非窄
重重刹土箇中藏　　過量機路衝天直
三世如來都不會　　歷代祖師出不得

시는 작가의 내면 세계가 진솔하게 드러나는 내밀한 고백이다.

견성을 이루고 보니 소실, 즉 소림사에서 달마가 9년 면벽하며 참선한 것이나 석가여래가 설파한 8만4천 법문이 별것 아니었다. 보우는 자신이 이룩한 절대의 세계를 운문(雲門, ?~949)이나 조주 등과 비교하는 것조차 거부하였다. 꺼진 화롯불에서 불씨 하나를 찾아내듯 태고암처럼 작은 암자 안에도 모든 연화장세계가 있음을 도도하게 설파했다. 이미 견성을 이룬 자기나 또 다른 부처가 되겠다고 수행중인 선방 납자들 모두 각자 천상천하에 유아독존하는 절대 존재임을 확신하였다.

어느 구석에도 걸림이 없고, 그 누구에게도 발목 잡힐 일 없는 모든 존재의 절대성을 한껏 당당하게 노래하였다. 그러나 전혀 오만하지 않고, 허황하지 않았다.

뒷날 보우가 중국에 갔을 때 스승 석옥은〈태고암가〉에 발문을 지어 주면서, "그 노래를 읊어 보면 순박하고 무거우며, 글귀는 한가하고 맑았다. 이는 참으로 공겁 이전의 소식을 얻은 것으로서 날카롭고 과장된 요즘의 글과는 비교가 되지 않는다"며 높이 칭송하였다.

중흥사는 태고대, 태고암, 만수선원 등 어느 곳 하나 보우의 손과 발이 미치지 않은 곳이 없었다. 이런 연고로 뒷날 그가 입적하자 왕명으로 중흥사에 그의 사리탑과 부도를 제일 먼저 세웠다. 지금은 비록 중흥사의 옛 모습이 사라지고 태고암만 자리하고 있지만 삼각산 서북의 한 모퉁이는 자국자국 보우의 발자취가 흠씬 배어 있다.

중흥사에 온 지도 5년이 지났다. 중흥사 살림살이도 어느 정도 기틀이 잡혀 얼마간 자리를 비워도 선원은 별다른 무리 없이 잘 운영될 것이다. 국내 선승들하고만 도량을 겨룰 것이 아니라 이제는 선종의 본고장인 중국에 가서 임제의 후손들과 직접 법을 거량할 시절이 되었다. 그러나 무엇보다 중요한 것은 본분 종사를 만나 견성을 인가받는 것이었다.

8천 리 구도의 길

보우의 나이도 벌써 46세(1346, 충목왕 2)였다.

정월 15일, 선방의 해제를 기다려 보우는 간편하게 바랑을 챙겼다. 우선 개경으로 가서 중국으로 가는 허락을 얻어야 했는데 채하중 등에게 미리 연통해 둔 터라 일은 순조롭게 진행되었다. 개경에서 50리쯤 서쪽으로 떨어진 예성강 하구 벽란도라는 포구에서 배를 탔다. 벽란도는 여러 나라 상인들이 모여 흥청거리는데다가 중국으로 가는 사신들과 많은 여행객들, 그들을 환송 나온 사람들까지 뒤섞여 언제나 북적거렸다.

사람들이 커다란 배에 올라타며 서로 소리쳐 부르고 한편에서는 물건을 싣느라 한동안 수선스럽더니 포구를 떠난 배가 망망대해로 접어들자 갑판은 차츰 조용해졌다. 배는 세 개나 되는 넓은 돛을 올리고 바람을 받으며 물 위를 날아갔다.

다들 저마다 볼일로 머나먼 타국을 향해 가느라 마음 설레기는 한가지겠지만 보우에게는 이번 여행길이 더욱 각별하였다. 아득한 창파가 넘실대는 이 바다보다 몇 배나 넓다는 중국 대륙에 닿으면 그 너른 천지를 다 뒤져서라도 한 사람 스승을 꼭 찾아야 했다. 어쩌면 모래밭에서 바늘을 찾는 것보다 더 어려운 일이겠지만 옛날 혜초스님이 인도까지 다녀온 것에 비한다면 아무것도 아니다. 어려운 일은 힘든 만큼 보람 있을 것이다. 기필코 훌륭한 선지식을 만나 인가 받은 연후에 이 바다를 다시 건너올 것이다.

봄이라고는 하지만 아직 이른 데다가 북쪽으로 가는 먼 길이라 두 겹으로 안을 댄 두루마기를 입었는데도 옷섶을 파고드는 바닷바람은 짜고 매웠다. 배는 서북 항로를 따라 황해를 거쳐 올라가더니 요동(遼東)반도로 향했다. 요동반도의 항구 대련(大連)에서 잠시 정박한 다음 다시 발해만을 가로질러 천진(天津)에 이르는 멀고도 지루한 항해였다.

드디어 뭍에 오르자 귀청이 떠나갈 듯 왁자지껄한 말씨하며 고국 사람들의 흰 옷 대신 대부분 검정과 황토빛 낯선 옷차림새가 도시의 색깔부터 달라 보이게 했다. 이국적인 건물과 주변 풍광들이 고려와는 자못 딴판이었다.

당시 중국은 몽고족이 세운 원나라가 천하를 지배하던 시절이었다. 그러나 보우가 방문할 무렵 원나라는 황제 계승 문제로 상층 권력자들 사이에는 암투와 분쟁이 그칠 날이 없었고, 이런 틈을 타 지방 여러 곳에서 몽고의 압제에서 벗어나려는 한족(漢族)들의 반란이 들끓고 있었다. 뿐만 아니라 지방 곳곳에서는 무장을 한 도적들까지 무리지어 여기저기 출몰하는 등 매우 뒤숭숭한 상황이었다. 아직은 원나라가 대국으로서의 면모를 갖추고 있었지만 오랜 세월 쌓여 온 정치·사회적 갈등이 드디어 곪아 터지기 시작하면서 노쇠한 국가의 말기적 현상들이 노출되고 있었다.

천진에 도착한 보우는 길 안내를 받으며 원나라의 수도인 연도(燕都, 현재의 베이징)로 들어갔다. 거대한 궁궐은 멀리서 보아도 단번에 이방인을 압도할 정도였고, 시가지에 진열된 화려하고 진기한 물품들은 개경의 거리와 비교할 수 없을 정도로 풍족하고 호사스러웠다.

보우는 예정대로 연도에 있는 대관사(大觀寺)로 갔다. 중국어를 익힐 때까지 당분간 머물면서 중국 승려들과 법거량을 하고 가끔 선원에 있는 승려들에게 설법을 펼 계획이었다. 주로 외국 승려들이 체류하는 대관사는 고려는 물론 일본, 태국, 미얀마, 티베트, 멀리는 아라비아, 심지어 로마 교황청에서 파견한 사절단 등 전 세계에서 진리의 등불을 찾아, 혹은 진리를 전하러 수많은 승려들과 학자들이 모여 자유롭게 온갖 사상을 토로하며 격론을 벌이기로 유명한 곳이다. 각기 독보적인 일가를 이룬 대가들이 넓은 대륙만큼이나 많이 모여들어 저마다 독자적인 사상을 설파하였다. 따라서 이 곳은 원나라의 문화적인 대외 창구 역할을 하며 가장 새로운 사상을 접할 수 있는 장소이기도 했다.

대관사에서 보우는 일가를 이룬 도인으로서 무량하면서도 엄숙한 불법의 세계를 거침없이 헤쳐 보여 주었다. 비록 고려와 몽고의 말과 풍속이 다르다 해도 진리는 시공을 초월하여 언제나 자유로웠다. 누구나 보우의 설법을 한번 접하고 나면 눈앞을 가로막고 있던 장막이 한꺼풀씩 걷히는 것을 느끼지 않을 수 없었다. 보우의 명성은 순식간에 대관사를 통해 승려들만이 아니라 일반인들에게까지도 널리 퍼져 나갔다.

마침내 그 해 11월 24일, 보우의 명성을 들은 원나라 황제 순제(1333~1367)는 태자의 생일을 맞아 궁궐로 보우를 초빙하면서 《반야심경》을 강론해 달라고 요청하였다. 황제는 티베트계통의 불교인 라마교를 지극하게 신앙하고 있었으나 뭇사람이 보우를 칭송하며 저마다 감복했다는 데 마침내 마음이 움직여 외국인에게는 극히 이례적으로 법회를 열게한 것이다.

보우는 고려에서도 아직 궁궐에 출입해 본 적이 없었다. 황제가 보낸 시종을 따라가니 마치 성벽처럼 높이 쌓은 궁궐 담 위로 황금빛 기와는 하늘로 날아갈 듯 치솟아 있었다. 궁궐 안에는 배를 띄울 만큼 큰 연못이 있고 그 주위로 군데군데 정자도 마련되어 있었다. 잘 다듬어진 온갖 나무들 사이로 진기한 괴석이 즐비하고 사슴들이 한가로이 노니는 것이 마치 천상 세계에 온 듯했다.

관리의 안내를 받으며 보우는 궁궐 안의 내원당으로 갔다. 내원당 내부는 온통 강렬한 붉은빛의 기둥과 황금빛 휘장으로 치장되어 있었다. 정면에 모셔진 본존불과 그 옆으로 나란히 늘어서 있는 여러 보살과 신장들의 모습이 어딘지 모르게 이방인의 얼굴을 하고 있어 이 곳이 몽고인들이 사는 땅임을 또 한 번 실감했다.

보우가 잠시 기다리자 황제 일행이 들어왔다. 옷차림과 들어오는 순서로 봐서 대강 황제와 황후, 그리고 태자 내외로 보이는 사람들로 분별할 수 있었다. 그 밖에도 황족으로 보이는 여러 귀인들과 부인들이 보였다. 그 가운데 열일곱, 여덟 살쯤 되어 보이는 젊은이가 유독 보우의 눈길을 끌었는데 단정한 외모에 봉황새의 눈매가 인상적이었다.

모두들 자리를 잡자 보우는 법상에 올라 침착한 어조로 《반야심경》의 내용을 차례로 풀어나갔다. 《반야심경》의 핵심이 되는 '공(호)' 사상에 관해서는 재차 강조하며 비유를 들어 쉽게 설명하였다. 보우가 명쾌하고도 화통하게 단숨에 '공' 사상을 강설해 나가자 모두들 흡족해 하고 칭송하여 법회는 성공적으로 끝났다.

법회를 다 마치도록 예의 그 젊은이가 진지한 표정으로 보우에게서 잠시도 눈을 떼지 않는 바람에 여러 차례 서로 눈길을 마주쳤다. 저 나이에는 결코 쉽지 않은 '공' 사상에 대해 미처 다 알아듣지 못할 듯 싶은데도 젊은이는 눈길을 거의 고정한 채 듣고 있었다. 보우는 대관사로 돌아온 뒤에도 그 때의 눈빛이 불현듯 떠오를 때가 가끔 있었다.

약 8개월을 대관사에 머물다가 새해(47세, 1347)가 되자 보우는 다시 거대한 배에 몸을 싣고 양쯔강의 대운하를 따라 남으로 내려가며 군데군데 유명한 선지식을 차례로 순방하였다. 수천 리를 멀다 하지 않고 자기 스승이 될 사람, 자기를 인가해 줄 사람을 찾아가는 길이었다.

그러던 중 양쯔강 유역에서 크게 선풍을 드날리고 있다는 축원영성(竺源永盛, 1276~1347) 선사의 소문을 듣고 그를 찾아 지금의 안휘성(安徽省)에 있는 남소(南巢)로 향했다. 4월이 되어서야 남소에 겨우 도착하였는데 안타깝게도 영성선사는 불과 한 달 전에 열반하였다. 한 달의 인연이 모자라 영성선사를 만나지 못하고 대신 그의 영전에 향을 올리는 것으로 아쉬움을 달래야 했다.

영성의 제자들은 멀리서 찾아 온 보우의 방문 목적을 알고는 분향을 마친 보우를 스승의 방으로 안내하였다. 스승의 유품을 보여 준 다음, 영성의 수제자인 홍아 종(弘我宗)과 월동 백(月東白)은 자기 스승이 노상 수행자들에게 일러 주던 '세 구절의 법어(三轉語)'가 적힌 것을 가지고 와서 보우에게 보여 주었다. 그들은 스승을 대신하여 보우를 시험하려는 것이었다.

첫째, 출가하여 도를 닦는 것은 다만 자성(自性)을 보기 위함인데 그 자성이란 어디 있는가?

둘째, 3천 리 밖에서도 잘못된 것을 가리는데 어찌 서로 대면하고도 알지 못하는가?

셋째, (두 손을 펴 보이면서) 이것은 제2의 구절이니 제1의 구절을 내게 보여라.

보우는 한번 훑어보더니 그 자리에서 바로 게송으로 답하였다.

앉아서 옛 부처의 길을 끊고
사자후와 같은 법문 외친다기에
남소를 찾아 왔더니
전혀 손발도 내밀지 않는구려.
드러내지 않아도 해같이 밝고
숨기지 않아도 칠흑같이 어두운데
내가 왔으나 마침 서쪽으로 돌아갔다니
남은 독기가 꿀처럼 쓰도다.

坐斷古佛路　　大開獅子吼
還他老南巢　　手脚俱不露
不露也明如日　不隱也黑似漆
我來適西歸　　餘毒苦如蜜

보우의 노래를 들은 영성의 제자들은 귀가 번쩍 뜨였다. 그들은 마침 스승을 잃고 이제 뿔뿔이 흩어지려던 참이었는데 보우와 같은 도인이 스스로 찾아 온 것을 큰 행운으로 받아들였다. 제자들은 보우에게 자기들의 스승이 되어 줄 것을 간곡히 부탁하였다.

"이 땅에 납자가 몇천만 명이나 되지만 이 세 가지 관문에 이르러서는 모두 어쩌지 못했는데, 장로께서는 처음으로 우리 노화상(老和尙)과 서로 통하셨습니다. 부디 이 곳에 머물러 주시기 바랍니다."

보우는 그들의 간곡한 만류를 차마 뿌리치지 못해 남소에서 약 석 달을 체류하였다. 그러나 보우로서는 안주할 자리를 마련하려고 몇 천 리를 찾아온 것이 아니었다. 하루빨리 눈 밝은 선지식을 만나 견성을 인가 받는 것이 우선이었다. 그들과 작별하고 중국에서 가장 도가 높다는 석옥청공(石屋淸珙, 1272~1352) 선사를 찾아 다시 행장을 꾸렸다.

중국은 그야말로 대국이었다. 연도로부터 벌써 수천 리를 내려왔건만 석옥이 머물고 있다는 호주(湖州) 하무산(霞霧山)은 다시 2천5백 리 길을 남으로 더 내려가야 했다. 호주 하무산은 오늘날 절강성(折江省) 오흥현(吳興縣)에 있는데 석옥은 그 곳 천호암(天湖庵)의 주인이었다.

석옥은 임제선사의 법통을 계승하는 18대 적손이다. 그는 강소성(江蘇省) 출신으로 27세 때 영유(永惟)선사에게 출가하였다가 뒤에 급암종신(及庵宗信)의 제자가 되었다.

급암이 석옥에게 준 화두는 모순 덩어리 난제였다. 즉 '부처가 있는 곳에는 머무를 수 없고, 부처가 없는 곳은 급히 달려 지나간다(有佛處不得住 無佛處急走過)'는 화두였다. 양자의 어디에 걸려도 잘못을 저지르게 되는 진퇴양난의 화두였다. 화두가 흔히 그렇듯이 이 또한 시시비비의 논리를 초월해야만 풀 수 있는 것으로 말 속에서는 절대 해답을 찾을 수 없으며 말뜻에 집착할수록 깨달음과는 더욱 어긋나게 된다. 이 역시 깨달음의 길에 들어서는 생각의 단서만 던져 줄 따름이었다.

석옥은 오직 이 화두에 매달리기를 6년이 지나도 공부에 아무런 진전이 없어 그만 스승의 곁을 떠나기로 했다. 한참 길을 가다가 먼발치에 누각이 하나 서 있는 것이 보였는데 그것을 보자마자 갑자기 일시에 마음이 열리는 것이었다. 석옥은 부랴부랴 오던 길을 되짚어 도로 급암을 찾아갔고, 급암은 마침내 그를 인가하여 임제종 양기파의 법통을 잇게 하였다.

당시 원나라는 여러 가지 외래 종교에 모두 관용적이었는데 황실의 공식적인 종교는 불교의 일파인 라마교였다. 라마교는 원래 티베트의 샤머니즘적인 민간신앙이 불교와 결합되어 나타난 종교다. 티베트의 부족국가 체제에서 추장이 갖는 상징적 권위를 신비주의로 윤색한 종교였기 때문에 상당히 지방색이 강하고 국수적이었다. 동북아시아 지역의 전통 불교와는 달리 라마교 승려들은 정치나 재정 문제에 직접 참여하였으며 황실과도 밀착된 관계를 유지하고 있었다.

　라마교의 법회의식은 주술적인 색채가 농후한 밀교식으로 진행되었으며 승려들의 육식이나 여성과의 관계에 대해서도 관대하였다. 이러한 라마교의 풍습은 몽고라는 북방민족 특유의 자유 분방한 기질과 쉽게 융합되어 급속하게 발전, 확산되었다. 원나라 말기에 이르면 황실이 지나치게 라마교를 신봉한 나머지 국가 재정마저 곤란한 지경에 이르렀으며, 지배층에서부터 일반 국민에 이르기까지 사치스럽고 퇴폐적인 풍조가 만연하게 되었다. 그리하여 전통 불교계, 특히 선종이 지니고 있던 순수하고 고고한 선풍은 중국 사회에서 급속도로 침체되어 가고 있었다.

　깨달음을 이룬 뒤 석옥은 복원사(福源寺) 등에 주지로 취임하는 등 잠시 세속에 모습을 나타냈지만 이러한 사회적 분위기로 말미암아 얼마 지나지 않아 모든 것을 버리고 입적할 때까지 산문 밖을 나오지 않겠다는 결심으로 하무산 천호암으로 운둔해 버렸다. 천호암에서 석옥은 시대적 오류를 바로 잡기 위해 불교신도라면 기본적으로 지켜야 할 계율, 즉 산 목숨을 죽이지 말고, 남의 것을 훔치지 말고, 음란하지 말고, 거짓말하지 말고, 술 마시지 말라는 5계를 일반에게 널리 보급하여 계율의 실천을 통해 청정한 사회를 회복하는 데 매진할 것과 선종사에 길이 남을 눈 밝은 후학을 기르는 데 남은 생애를 바치기로 하였다.

보우가 천호암에 도착한 것은 47세(1347)인 7월 중순쯤으로 한더위가 아직 기승을 떨치고 있었다. 남국의 후덥지근하고 끈끈한 열기는 아침부터 온몸을 비 오듯 땀으로 범벅시키는 것이 고려의 여름과는 비교도 안 되었다. 멀리 보이는 하무산은 이름처럼 뽀얗고 짙은 안개에 싸여 봉우리만 자태를 드러내고 있었다. 이윽고 산자락으로 접어들자 고려에서는 볼 수 없는 잎이 넓은 아열대 식물들이 사방으로 빽빽이 우거져 밀림으로 덮여 있고, 산을 오르는 오솔길은 어두컴컴하고 축축해서 발을 디딜 때마다 미끄러질까 조심스러웠다.

발길에 감기는 덩굴을 뜯어 내며, 흐르는 땀을 손으로 쓸어 내리며 힘겹게 산을 오르는데 갑자기 귀에 익은 새 소리가 들렸다. 고개를 들어보니 고향에서 보던 꾀꼬리가 황금빛 깃털을 자랑하며 목청을 돋우고 있었다. 낯선 이역만리에서 만난 꾀꼬리가 마치 자기를 반겨 주는 것 같았다. 산 중턱에 오르자 바위를 의지하고 자리잡은 천호암이 드디어 모습을 드러냈다.

숨을 돌려 위의를 갖춘 다음 석옥이 있는 방장실로 올라갔다. 거기에는 70을 훌쩍 넘긴 노승 석옥이 안광을 형형하게 빛내며 꼿꼿이 앉아 있었다. 절을 하고 나서 서로 한참을 마주 바라보았다. 보우도 그랬지만 석옥 또한 상대방의 심장을 뚫고 오장육부까지 들여다보듯 강렬한 눈빛이었다. 그러나 독수리같이 날카로운 시선 속에는 잔잔하지만 따스한 정을 느끼게 하는 무엇이 숨어 있었다. 말 없는 가운데 그들은 서로의 그릇이 예사롭지 않음을 확인할 수 있었다. 그 날은 인사만 나누고 방장실을 나왔다.

목욕을 하고 한켠에 마련된 처소에 들었다. 남소에서 영성을 만나지 못했던 아쉬움이 석옥과의 해후로 말끔히 씻겨졌다. 석옥을 처음 보았을 때 보우는 숙세(宿世)의 깊은 인연을 느꼈으며, 첫눈에 그가 자기의 스승임을 직감하였다.

만나야 할 사람은 언젠가는 반드시 만나고 만다. 바로 그것이 인연이다. 고려에서 8천 리나 되는 먼 길을 왜 왔는지, 그리고 왜 올 수밖에 없었는지 이유가 더욱 분명해졌다.

고려에서 보우는 회암사를 시작으로 보림사, 감로사, 불각사 등 여러 사원에 몸을 담았었지만 그를 결정적으로 깨달음의 길로 인도해 준 스승다운 스승은 아직 만나지 못했었다. 보우

태고집

가 떠나올 때까지 고려는 일시적으로 선종보다는 교종 불교가 번성하고 있었고, 그나마 왕실을 중심으로 한 귀족층 일각에는 원나라의 영향으로 라마교의 풍습까지 전해져 전통 불교계는 변질되거나 침체되고 있었다. 이런 저런 형편으로 보우의 공부는 사실상 거의 혼자 이룩한 것이나 다름없었다. 석옥을 만난 보우는 옛날 회암사로 출가했을 때 머리를 깎아 주었던 광지선사 이래 처음으로 진짜 스승을 찾은 것이다.

보우와 석옥의 만남은 보우 개인뿐 아니라 동양 불교사에 있어서도 매우 중요한 사건이기에 중국에 있는 석옥의 비문이나 한국에 있는 보우의 비문을 비롯하여 《보우어록》 등에 비교적 상세히 실려 있다.

동방으로 건너오는 불법의 정맥

이튿날 보우는 다시 방장실로 나갔다. 그간 자기가 깨친 바를 자세히 여쭙고 〈태고암가〉를 보여 드렸다. 이를 보자 석옥은 깜짝 놀라면서도 여러 가지 질문을 하여 그를 시험하기 시작했다.

"그대는 이미 그런 경지를 지났다고 하지만 조사의 관문이 또 남아 있다는 것을 알겠소?"

"어떤 관문이 있습니까?"

"그대가 깨달은 바를 보니 공부가 바르고 지견(知見)이 분명하오. 그러나 모두 놓아 버리시오. 그렇지 않으면 그것이 도리어 논리로 인한 장애가 되어 바른 지견을 방해할 것이오."

"놓아 버린 지 오래 되었습니다."

"……."

"오늘은 그만 쉽시다."

석옥은 어디로 보나 그릇이 꽉 차 있는 보우를 바라보며 모두 털어 내서 비워 버리라고 했다. 그러나 보우는 이미 비워 버린 지 오래라고 응수하였다. 이 때 석옥은 자기가 생각했던 것보다 보우가 훨씬 위대한 도인임을 알아차렸다. 무슨 일을 하든, 안 하든, 모두가 저절로 도와 합치되는 사람이었다. 보우를 더 가르치거나 다듬을 일이 없었다. 그에게는 날마다 되풀이되는 잡다한 일용사(日用事)마저 그대로 진리의 세계에 맞닿아 있는 본분사(本分事)였다.

다음 날 보우는 또다시 석옥을 만났다. 석옥은 반가운 표정으로 맞이하면서 운을 떼었다.

"부처님과 조사 스님들이 전한 것은 오직 한 마음이지 다른 법은 없소."

그러더니 옛날 마조(馬祖, 709~788)스님이 어떤 한 스님을 시켜 대매법상(大梅法常, 752~839) 선사에게 질문했던 일화로 말을 이었다.

조그만 빛이라도 보면 그것을 진실이라고 생각하는 사람은 빛의 그림자에 매달려서 살 길을 찾는 이들이오. 그래서 옛날 조사들은 이런 사람들의 병을 고치고자 멀쩡한 데다 관문을 만들어 놓고 그들의 얽매인 것을 풀어 주려 했던 것이오. 그러나 진실로 투철한 사람에게는 그런 것은 다 쓸데없는 물건이라오. 그런데 그대는 어떻게 혼자 그처럼 분명하게 갈림길을 가려낼 수 있었단 말이오?

석옥이 말하려던 마조스님의 일화는 다음과 같다.

법상이 어느 날 마조스님을 찾아 뵙고 물었다.

"무엇이 부처입니까?"

"마음이 부처다."

법상은 그 말 한 마디에 그 자리에서 바로 깨달음을 얻고 그 때부터 대매산(大梅山)에 머물렀다. 마조스님은 법상이 대매산에 있다는 소문을 듣고 법상의 법력을 시험하고자 한 승려를 시켜 질문을 던지게 했다.

"스님께선 마조스님을 뵙고 무엇을 얻었기에 갑자기 이 산에 머무십니까?"

"마조스님은 나에게, '마음이 부처다(卽心卽佛)' 하셨다네. 그래서 여기에 머무는 거지."

"마조스님은 요즈음 법문이 달라졌습니다."

"어떻게 달라졌는가?"

"요즈음은 '마음도 아니고 부처도 아니다(非心非佛)' 하십니다."

"그 늙은이가 끝도 없이 사람을 헷갈리게 하는구나. 너는 네 맘대로 '마음도 아니고 부처도 아니다' 하여라. 나는 오직 '마음이 곧 부처'일 뿐이다."

그 승려가 돌아와 마조스님께 법상과 나누었던 대화를 전했더니 마조는 껄껄 웃으며 매우 흐뭇해하였다.

"매실(梅實)이 다 익었구나."

마조와 법상의 대화는 선종사에 길이 남는 공안이다. '마음이 곧 부처'라면 굳이 큰 선지식을 찾아다니며 법을 구할 필요가 없다. 진리란 한 마디로 족하다. 법상은 마조의 정곡을 찌르는 본뜻을 이해했기에 바로 그 자리에서 깨칠 수 있었다. 그 후로는 아무 데도 찾아다닐 필요가 없었다.

이것이 제대로 보는 것이고, 제대로 듣는 것이다. 관심이 없고 주의를 기울이지 않으면 그 어느 것도 진실한 면목을 볼 수 없다. 그것은 봐도 보는 것이 아니고, 들어도 듣는 것이 아니다. 깨어 있는 정신이 아니라면 무엇이든 온전하게 볼 수 없다.

마조가 법상의 질문에 답하는 말 속에는 사실 아무런 의미가 없다. 진리에 이르는 길은 각자의 인연에 따라 조금씩 다르게 연출될 뿐이다. '마음이 곧 부처'라 해도 좋고, '마음도 아니고 부처도 아니다'라고 말해도 상관없다. 진리의 세계는 언어나 문자의 유희에서 자유롭다. 마조는 언어의 그물에서 벗어나 진리의 넓은 바다에서 살고 있는 법상이 대견하기 그지없었다. 법상의 도가 무르익었음을 그가 살고 있는 대매산의 매실에 비유한 표현이 절묘하다.

석옥이 보우에게 말한 것은 대매산의 법상을 연상했기 때문이다. 조사 스님들이 제시한 관문들은 제자들을 일깨우기 위한 방편이다. 그러나 진리의 세계에 이미 도달한 사람이라면 조사의 관문도 부질없는 장난이다. 석옥은 미혹에서 벗어나 분명하게 진리를 찾은 보우를 보았다.

보우의 대답은 간단했다.

"부처님과 조사님들이 가르쳐 주신 방편이 있었기 때문입니다."

"참으로 장합니다. 숙세에 심은 바른 인연이 없었다면 삿된 그물을 벗어나지 못했을 것이오. 노승이 비록 깊은 산에 살고 있지만 조사의 문을 열어 놓고 그대 같은 사람을 기다린 지 오래 되었습니다."

"선지식이란 여러 겁을 지나도 만나기 어렵습니다. 맹세코 곁을 떠나지 않겠습니다."

"노승도 이 고요함을 그대와 함께 즐기고 싶소마는 뒷날 돌아갈 길이 막힐까 염려스럽소. 그래도 법은 만나기 어려운 것이니 반 달만 머물면서 이야기하다 돌아가도록 하시오."(〈보우행장〉)

영웅은 영웅을 알아보고, 성인은 성인을 알아본다고 했다. 처음 만났을 때의 짧은 순간, 전광석화와 같이 마주친 눈길에서 그들은 서로가 만나야만 했던 바로 그 사람이란 것을 알아차렸다.

이제 석옥도 자기 스승이 그랬던 것처럼 제자에게 법을 전할 때가 되었다고 생각했다. 먼 옛날부터 스승에서 제자로 면면히 법을 전해 왔기에 종법이 끊기지 않고 오늘에 이른 것이다. 그 역시 이러한 도인을 기다린 지 얼마나 오래 되었던가?

역사적인 해후였다!

76세 스승과 47세 제자의 처음이자 마지막 만남이었다. 그가 비록 고려인이라 할지언정 진리의 세계에서는 그런 것은 아무 상관이 없다. 우주적 진리의 세계에서 노니는 대자유인들이 아닌가? 더구나 그 광활한 우주의 시공을 통해 칠순을 넘긴 노선사가 그 법맥을 이을 제자를 마침내 만났으니 이것이야말로 희한하고 기특한 일이었다!

스승과 제자는 뒤늦게 만나 이승에서의 시간이 얼마 남지 않았음을 몹시 애석하게 여겼다. 또한 석옥으로서는 당시 중국의 정세가 한층 다급해지고 있던 시절이라 선문의 대종사가 될 사람을 오래도록 붙들어 둘 형편도 아니었다. 넓은 세상으로 제자를 속히 보내 이 세상에서 그가 맡은 역할을 다하도록 도와야 했다.

천호암에서의 시간은 눈 깜짝할 사이에 지나갔다. 열흘쯤 지난 어느 날 석옥이 보우에게 물었다.

"어떤 것이 일상생활에서 함양해야 할 일이며, 어떤 것이 향상하는 수단이오?"

보우는 마치 병에서 물을 쏟아 붓듯 거침없이 대답한 다음, 이 밖에 또 다른 도리가 있는지 되물었다. 석옥은 그만 놀라 머리를 절래절래 흔들었다.

"노승도 그러했고, 삼세의 부처님과 조사들도 모두 그러했소. 혹시라도 다른 도리가 있다면 왜 장로에게 말하지 않았겠소?"

"예로부터 부자간에도 전하지 않는 묘한 도리가 있다

기에 물은 것입니다. 제자가 어찌 감히 화상의 큰 은혜를 저버리겠습니까?"

"장로여, 그대의 3백6십여 뼈마디와 8만4천 털구멍이 오늘 모두 열렸소! 노승이 7십여 년 동안 공부한 것을 그대가 다 빼앗아 가는구려. 노승은 오늘 3백 근이나 되는 짐을 모두 그대에게 대신 짊어지우니 이제는 다리를 뻗고 잘 수 있겠소."

평생 쌓아 온 자기의 모든 것을 보우에게 모조리 넘겨주었는데도 석옥의 마음은 그지없이 넉넉하였다.

8월 초하루, 떠날 때가 가까워지자 석옥은 보우의 〈태고암가〉에 실을 발문을 지어 주었다. "고려 남경(오늘날의 서울) 중흥사 만수선사 장로의 휘는 보우이며 호는 태고다……"로 시작하는 발문을 쓰면서, 그 말미에 제자에게 보내는 지극한 신뢰와 함께 스승의 속 깊은 정이 실려 있는 시 한 수를 덧붙였다.

이 암자가 먼저 있고
바야흐로 세계가 있으니
세계가 무너지더라도
이 암자는 무너지지 않으리라.
암자의 주인은
있고 없음이 없으니
달은 길이 허공을 비추고
바람은 온갖 소리 질러대리라.

先有此菴　　方有世界
世界壞時　　此菴不壞
菴中主人　　無在不在
月照長空　　風生萬籟

다음 날 석옥은 다시 제자에게 물었다. 제자에 대한 마지막 점검이었다.

"우두(牛頭, 594~657)스님이 4조 도신(道信, 580~651)을 만나기 전에는 무엇 때문에 온갖 새들이 꽃을 물어다 공양을 바쳤소?"

"부귀하면 사람들이 다 우러러보기 때문입니다."

"그렇다면 4조를 만난 뒤에는 왜 꽃을 문 새들을 찾아볼 수 없었소?"

"가난한 이들은 소외되기 때문입니다."

"아무것도 없던 아득한 옛날(空劫) 이전에는 태고(太古)가 있었소, 아니면 없었소?"

"허공이 태고 가운데서 생겼습니다."

반전과 역설이 기가 막힌 조화를 이루는 일도양단의 검법이었다. 석옥은 보우의 답변마다 감탄하지 않을 수 없었다.

옛날 우두스님이 숲에서 홀로 수행할 때 새들이 꽃과 열매를 물어다 공양했던 일화가 있다. 보우는 도를 이루려는 욕망으로 가득 차 있던 시절의 우두를 부귀하다고 했다. 우두가 아직 스승을 만나기 전에는 욕망과 번뇌망상이 꽉 들어차 있으므로 부자라는 뜻이다. 그때 자연의 이치를 거스르지 않고 사는 새들은 우두가 부족한 것이 많은 가난뱅이라고 여겨 꽃을 물어다 도와주었다.

견성하여 진공(眞空)의 이치를 깨달은 우두는 이제 세상에서 더 바랄 것이 없게 되었는데 이러한 우두를 보우는 가난하다고 표현했다. 번뇌망상이 아무것도 없기 때문이다. 더는 애쓰지 않아도 되고, 아무것도 바라지 않는 도인을 위해 새들은 그만 할 일이 없어졌다.

마지막 구절은 '아무것도 없던 아득한 옛날(空劫)'이 먼저인가, 아니면 '태고'가 먼저인가 하는 질문이었다. 이것은 '공겁'과 '태고'라는 시간의 선후를 따지는 것인 동시에 우주와 태고보우 가운데 누가 더 위대한 존재인지를 묻는 질문이기도 했다. 진리의 세계에서는 무엇이든 상대적인 분별을 초월해야 한다. 이것과 저것을 분별하는 것은 눈으로 보이는 현상계에 얽매여 진리의 본질을 왜곡하고 만다. 그러한 분별을 끊어 버리는 보우의 답변은 참으로 날카로운 칼날이었다. 단숨에 불이문(不二門)을 뛰어넘어 진공묘유(眞空妙有)의 세계를 갈파했던 것이다.

보우의 마지막 대답에 석옥은 결국 전법을 결심하였다.
"불법이 동방으로 가는구나!"

석옥은 달마 이래 전법의 신표였던 가사를 벗어 주었다.

"이 가사는 오늘 전하지만 법은 부처님이 머물던 영산에서부터 지금까지 내려온 것이오. 이제 그대에게 전하니 잘 보호해서 끊어지지 않게 하시오."

다시 주장자를 쥐어 주며 앞날의 길잡이로 삼으라고 하였다. 보우는 예를 갖춰 받으면서 말했다.

"지금에 대해서는 묻지 않겠습니다만 마지막 뒷날에는 어찌하오리까?"

"스승보다 지혜로운 사람을 만나기는 천 년이 가도 어려운 일이오. 만일 그런 사람을 만나면 그에게 이것들을 전하시오. 무엇보다 중요한 것은 지금까지 내려온 불조의 명맥이 끊어지지 않게 하는 것이오."

석옥은 불법이 영원히 이어지기를 부촉하였다.

이로써 보우는 불교계 전체를 대표하는 법왕의 자리에 올랐다. 유년 시절에 고향 마을을 지나던 나그네가 그를 보고, "법왕아로다!"라고 했던 말은 40년이 지나서 현실로 실현되었다.

옛날 석가모니가 가섭에게 염화시중의 미소를 인연삼아 이심전심으로 법을 전한 것처럼 특히 선종 불교에서 사제지간에 이루어지는 법등(法燈)의 계승은 매우 중요한 것이다. 보우의 전법 계승은 달마 이래 중국에 뿌리내린 선종 불교의 정통 법맥이 약 8백 년 만에 고려로 넘어온 것을 의미한다. 이로써 고려는 보우로 인해 동양 전체 사상계의 정상에 위치하게 되었으며 아울러 국내에는 선불교가 다시 한번 활짝 꽃피는 계기를 마련한 것이다.

보우는 스승에게 하직 인사를 하면서 스승을 향한 그의 곡진한 마음을 시로 표현하였다.

"제자 보우는 오랫동안 스승의 도풍을 우러러 천만 리를 멀다 않고 이 하무산 꼭대기를 찾아왔습니다. 마침내 스승을 모시게 되매 마치 빈궁한 아들이 아버지를 만난 것 같았습니다. 그리하여 반 달 동안 모시면서 심요(心要)를 결택 받고 법의 젖을 한껏 먹었습니다. 이러한 큰 은혜는 비록 몸이 가루가 된다 해도 실로 갚기 어려운데, 하직할 때에 미쳤으니 어찌 감회가 없겠습니까?

삼가 덕을 칭송하고 제가 발원하는 바를 게송으로 지어 조그만 정성을 표하고자 합니다."

큰스님의 크고 둥근 거울과
또한 저의 평등한 성품 살펴보니
원래 같은 한 바탕으로 시방세계 두루하여
환하고 맑게 비쳐 그림자조차 없더이다.

중생도, 부처도, 피차의 구별도 없어지니
신통하게 밝고 늘 고요히 비추어
삼라만상 그 속에 모두 나타나더이다
스승은 물 속의 달처럼 모습 보이시고
저 역시 허공의 꽃 같은 몸 나타내니
더럽고 깨끗함, 괴롭고 즐거움이 다 드러납니다.

우리 스승, 대화상이여,
스승의 크고 둥근 거울 속에 제가 있고
목숨 바쳐 예배하는 제자의 거울 속에
부처님 같은 스승 계시더이다
정성으로 발원하오니 더욱 가피 내려
세세생생에 이러하여지이다.

스승께서 화장 세계 주인 되면
저는 맏아들 되어 우리 스승 돕고
도솔천에 계시며 설법하올 제에는
저는 하늘 주인 되어 항상 호위해 드리며
보리수 밑에 앉아 계시오면
저는 국왕 되어 법보시를 바치오리다.

제가 오늘 세운 이 서원을
갖가지 장엄으로 원만히 갖추어
시방세계 다함없는 부처님과
대승보살 모든 분께 바치오리다.

온 법계 모든 불자와 함께
부처님의 항상 고요한 이치를 증득하여
남김없이 번뇌를 없애 버리고
일체 묘한 진리 모두 성취하오리다.

이제 모든 부처님 법회마다
서로 주인 되고 손님 되어 반드시 만나고저
스승께서 주인 되면 저는 손님 되고
스승께서 손님 되면 저는 주인 되오리다.

미래 세상 다하도록 불사를 짓고
중생을 다 제도하고 돌아간 뒤에
위없는(無上) 대열반 세계에서 함께 노닐기를
오늘 하무산에서처럼 하여지이다
무상(無常)한 이 몸, 이것 저것으로 변한다 해도
마음만은 결코 스승 곁을 떠나지 않으오리다.

마침내 작별하는 날이 되었다.
석옥은 노구를 이끌고 산문 밖까지 따라 나오며 제자를 전송하였다.
"장로여, 우리 집안에는 본래 이별이란 없는 것이니 이별이라 생각하지 마시오. 이별이니, 이별이 아니니 하고 생각하면 옳지 못한 것이라오. 부디 정진하시오!"

중원을 뒤흔든 사자후

1347년 8월 3일, 보우는 천호암을 찾아올 때와는 반대 방향으로 길을 잡았다. 하늘의 별처럼 많았던 옛 조사 스님들의 행적을 더듬으며 북쪽 연도로 향했다. 두 달 반이나 걸린 긴 여행이었다. 지치면 이 절에서 하루를 묵고, 다시 길을 떠나 저녁 어스름이 내리면 저 절에서 쉬고, 어쩌다가 밤이 깊어서야 겨우 푸른 등이 달린 절을 찾아 하루를 묵어 갔다. 넓고 넓은 이국땅에서 한 조각 가랑잎처럼 이리저리 굴러다니는 나그네가 되었다. 가을이 깊어 가면서 보우는 무척이나 외로움을 느꼈다. 이 무렵에 남긴 시가 〈남으로 떠돌다 읊음(南遊偶吟)〉이라는 시다.

법을 구해 천하를 떠다니니
가을 지나 또 겨울이 오고
저녁비는 일주문 청등 위로 내리고
서늘한 바람은 백로의 섬으로 불어오네.
외로운 나그네 삼 년 살이
만리창파에 한 조각배로다

뉘라서 알랴, 해동의 중이
강남에서 유랑하는 것을.
爲法行天下　　經冬復歷秋
暮雨靑燈寺　　涼風白鷺洲
孤身三歲客　　萬里一扁舟
誰識海東僧　　來作江南遊

보우의 여행은 10월 16일 연도에 닿으면서 일단락되었다. 연도에는 보우보다 소문이 먼저 와 있었다. 석옥의 법을 받았다는 것은 천하 최고의 명승이 되었다는 것을 의미하기에 연도 사람들은 보우의 도착 사실을 서로 알리느라 바쁘고, 승려들은 저마다 자기네 사원으로 모셔 가려고 앞을 다투었다. 보우는 연도에서 가장 큰 사찰인 영녕사(永寧寺)에 거처를 정했다. 영녕사 주지 여철 강(如鐵矼)의 소청과 대공덕주 태의원사 곽목적립(郭木的立)의 고집을 꺾을 수 없었기 때문이다.

보우가 주석한다는 소문이 돌자 영녕사는 그의 가르침을 얻으려는 사람들로 조용할 틈이 없고, 한번 보우의 법음을 들은 사람들은 그에게서 전법 승려로서의 기품과 위엄을 느끼지 않을 수 없었다. 보우가 비록 고려인이었으나 아무도 그의 법통 계승에 관해 이의를 제기할 수 없었다.

불교계에서 스승과 제자로 계승되는 전법은 단순한 개인사의 문제가 아니었다. 당시로서는 종단 전체에서 몇십 년 만에 한 번 있을 정도로 가장 중요한 대사였고 또 국가적으로도 기념할 만한 거룩한 경사였다. 우승상 타아적(朶兒赤)과 선정원사 활활사팔(闊闊思八) 등은 천자에게 보우의 전법 소식을 보고하였다. 또 연도의 여러 사원에서는 보우가 영녕사의 주지로 정식 취임해야 마땅하며, 그가 설법해 주기를 간구한다는 소청을 연명으로 작성하여 조정에 올렸다. 그 중에서 강서성(江西省)의 청천산(淸泉山) 연수선사(延壽禪寺)의 주지인 선남순중(善南詢仲)이 황제에게 올린 표문을 간추려 보자.

지금 태고암 스님은 종문에서 모두 인정하고 있습니다. 그는 큰 기틀을 가진 분으로서 샛별 같은 눈이 열려 남방의 호주 하무산을 찾아가 석옥화상을 뵈었습니다. 화상은 한번 보자 오랜 친구같이 여기고 그의 그릇을 알아보았습니다. 그리하여 더 단련하지 않고도 금을 만들어 한번에 도장 찍듯 인가해 버렸다고 합니다.
태고스님이 상근기가 아니고서야 어찌 그럴 수 있었겠습니까? (중략)
조사의 등불을 빛내고 부처의 광명을 거듭 일으키는 것은 오직 천자와 신하들에게 달려 있습니다. 삼가 바라건대 큰 시주님들은 몸과 마음을 바르고 곧게 해서 정법을 드날리고 천자의 뜻을 복되고 이롭게 하소서. (중략)
설암의 바람은 급암에 미치고, 천호의 달은 태고의 빛입니다.

이 나라 천자의 덕망이 이것으로 더욱 높아지니, 우리 나라의 기쁜 마음이야 이루 말할 것이 있겠습니까?

이 법을 옹호할 이는 여러 신장님들이지만, 선양할 이는 바로 제왕과 대신들이니 현묘한 관문을 두드려 비밀한 뜻을 통하게 해 주십시오. 바라건대 법의 수레바퀴가 항상 굴러가게 하면 만물이 번창하고 백성이 편안해지며, 천자와 부처님의 빛이 항상 밝아 강물이 맑고 바다가 편안해질 것입니다.

위와 같이 임제 선종의 법통이 설암에서 급암으로, 다시 천호암의 석옥에서 태고보우로 적법하게 이어졌음을 중국인 스스로 인정하면서, 법통의 계승이라는 역사적 사실을 국가적인 경사로 받아들이고 있음을 알 수 있다. 따라서 황실이 앞장서서 이 사건을 영광스럽게 축하해야 하고, 그리하면 국가가 태평해질 것이라면서 보우에게 합당한 예우를 베풀 것과 그의 설법을 들을 수 있게 해 달라는 내용이다.

대신들과 고승들의 표문을 접한 원나라 황제인 순제는 대단히 반가워하면서 보우의 법통 계승을 국가적인 경사로 받아들였다. 마침 태자의 생일을 맞은 천자는 급히 사신을 보내 작년 태자 생일에 이어 1년 만에 다시 보우에게 설법을 청하면서 그를 영녕사 주지로 초빙하고 겸해서 주지 진산을 알리는 개당법회의 설치를 명령하였다. 황제의 명이 떨어지자 연도 시가지를 비롯한 인근에는 거리마다 설법을 알리는 방이 즐비하게 나붙었다.

태자의 생일인 11월 24일, 연도 영녕사 금당.

황제와 대신들을 비롯하여 명망 높은 전국의 고승들이 구름처럼 영녕사로 모여들었다. 때마침 흩날리는 눈발은 영녕사 새 주인을 맞기 위해 천지를 흰색으로 도배하며 정화하는 것 같았다. 동지를 지낸 며칠 뒤라 날씨는 매섭게 차가웠다.

법당에는 여러 군데 질화로에 불이 지펴지고 기둥마다 등불이 환하게 밝혀졌다. 황제를 위시한 황실 가족과 대신들, 그리고 수많은 승려들이 가득 찼다.

보우는 불단의 맨 앞자리에 앉아 법회가 시작하기를 기다리며 눈을 감았다.

'딱' 하는 죽비 소리가 법회의 시작을 알렸다.

묵정에 드는 시간이었다.

서로 인사를 나누며 자리를 찾느라 부산하던 소란이 일시에 가라앉고 오직 정적만이 흘렀다. 모두들 잠시 선정에 들며 세속의 일로 번잡해진 마음을 비우고 진리가 들어 갈 자리를 준비하였다. 진리를 밝히기 위해 듣는 자와 전하는 자가 순수한 마음으로 정성을 모았다.

부처님께 분향과 예불문을 올리는 것으로 법회는 시작되었다.

자정원사 강금강길(姜金剛吉)이 천자를 위해 향을 사르

고 나자, 황제의 명을 받든 태의원사 곽목적립과 선정원 동지 열자독(列刺禿), 자정원동지 정주겁설(定住怯薛), 관인 답자해(答刺海) 등이 보우에게 불자와 주장자를 바치며 영녕사 주지 취임을 수락하는 개당 설법을 요청하였다.

　다음으로 천자가 보우에게 침향과 불자(拂子), 그리고 금실로 찬란하게 수놓은 금란가사를 예물로 바쳤다. 이어서 제사(帝師)를 비롯하여 정궁(正宮)의 황후와 제2·3궁의 황후, 황태자 등이 각각 보우에게 향을 예물로 올렸다.

　드디어 보우가 법상에 올랐다.

　법당은 숨소리도 들리지 않았다.

　흥화보은(興化報恩) 선사에서 온 개천당(開天堂) 담당(湛堂) 장로가 백퇴를 쳐서 보우가 영녕사 주지를 수락하여 개당(開堂)함을 대중들에게 고하였다.

　법당 안에 있던 사람들은 황제 이하 모두들 일제히 일어나 보우를 스승으로 맞이하는 절을 세 번 올렸다.

　이윽고 보우가 주장자를 한 번 내리치더니 우렁차게 소리쳤다.

　주장자 한 번 치는 이것은 부처와 조사님을 녹이는 큰 풀무요, 생사를 단련하는 지독한 집게와 망치로다. 이 앞에 서는 이는 간담이 서늘해지고 혼이 나갈 것이다. 이 노승이 사정없음을 괴이하게 여기지 마시오.

　(또 한 번 주장자를 내려치고)

백천의 부처도 이 속에서는 얼음처럼 녹고 기왓장처럼 부서지리다.
(다시 한 번 주장자를 내려치면서)
얏!
고래가 바닷물을 다 마시니 산호 가지가 드러나도다.
(이번에는 석옥에게서 전해 받은 가사를 펼쳐 들었다.)
이 한 조각 쇠가죽은 모든 부처와 조사의 혈맥이 끊어지지 않았다는 징표로다. 석가 늙은이가 49년 동안 3백여 회상에서 쓰고도 남아 맨 마지막으로 영산회상에서 금빛 얼굴을 가진 늙은 두타, 가섭에게 전해 주면서, '대대로 전해 말세에 이르도록 끊어지지 않게 하라' 하신 것이니 그 빛이 찬란하도다.
(또 황제가 준 금란가사를 들었다.)
이 금란가사는 무엇 때문에 오늘 궁궐에서 나왔는가?
'이 불법을 국왕과 대신들에게 유촉하노라' 하는 말을 듣지 못하였던가?

이렇게 시작된 개당법회는 보우가 한 줌 씩 향을 사르며 천자와 황후, 황태자, 그리고 스승 석옥을 위하여 일일이 축원하는 차례로 이어졌다.
다음 순서는 법회에 참석한 사부대중들이 저마다 품고 있던 의심들을 질문하고 보우가 답변하는 것이었다. 몇몇 승려들과 신도들이 나름대로 화두를 청하기도 하고 마음공부를 하다 막힌 곳을 물어 보았으며, 어떤 이는 보우를 슬쩍 시험해 보려다가 보우의 일갈에 황급히 절을 하고 물러앉았다.

참석자들과의 문답이 끝나자 보우의 개당설법이 본격적으로 시작되었다.

'최상의 종승은 무엇인가?'가 그 날의 설법 주제였다.

최고의 진리란 이 세상 그 어떤 언어로도 정확히 표현할 수 없다고 전제하면서 말로써 빚어지는 허물을 경계하였다. 다만 마음자리를 어떻게 가지고 수행해야 하는지에 관해 옛날 조사들의 일화를 소개하면서 항상 자신을 잘 점검해서 힘껏 정진하라고 당부하였다. 자기를 모두 바쳐 힘껏 정진하면 어느 날 문득 말할 수 없는 그 자리에 최고의 진리가 분명하게 나타날 것이라는 가르침이었다. 언설로써는 이루기 어려우나 아는 자만이 아는 진리의 세계가 있음을 설파하였다. 마지막으로 게송을 한 수 읊은 뒤 주장자를 치고 법좌에서 내려왔다.

천지를 일깨우고 중원을 뒤흔든 사자후였다!

천하를 진동시키고 억만 창생을 감격에 떨게 하였다!

과연 법왕만이 할 수 있는 설법이었다!

우레와 같은 박수 소리가 법당을 진동하였다.

참석자들의 얼굴은 저마다 놀라움과 존경심으로 상기되었다. 법회는 반나절이나 족히 걸렸는데도 누구 하나 지루한 표정이 없었다.

법회가 끝나고 보우가 처소에서 쉬려는데 어떤 관리가 오더니 귀인이 보우를 뵙고 싶어한다고 전하는 것이었다. 그리고 방으로 선뜻 들어서는 손님은 뜻밖에도 아주 젊은 청년이었다. 방금 전 법회에서 황실 가족과 함께 나란히 자리하고 있던 얼굴이었다. 뿐만 아니라 작년 오늘, 궁궐에서 《반야경》을 강설할 때에도 봉황의 눈빛을 빛내며 열심히 듣던 바로 그 젊은이였다.

서로 인사를 하고 자리를 잡자, 함께 따라온 관리가 고려의 세자 기(祺) 저하라고 소개하였다. 그가 바로 뒷날 고려의 마지막 재건을 위해 투혼을 불사르는 공민왕이다.

엷은 미소를 머금고 있는 얼굴은 피부색하며 뼈대가 분명 고려인이었다. 그런데 머리는 앞을 면도질한 변발에 몽고인들이 쓰는 끝이 뾰족한 모자를 쓰고, 몽고식 옷을 입고 있었다. 고려 왕자들이 볼모가 되어 원나라에 억류되어 있다는 것은 보우도 들어 알고 있었지만 막상 눈앞에 몽고인 차림을 한 고려 왕자를 대하고 보니 갑자기 가슴 한쪽이 시려 왔다.

왕자를 차근히 바라보니 미처 약관이 안 된 나이에 가냘픈 몸매를 하고 있었다. 희고 가느다란 손가락을 무릎에 올려놓고 단정히 앉아 있는데 팽팽한 긴장감이 느껴졌다. 넓으면서도 모나지 않은 둥근 이마와 옆으로 길게 올라간 진한 눈썹, 그 아래 길다랗게 생긴 봉황을 닮은 눈, 둥그스름한 코. 어느 모로 보나 영특하고 기품이 느껴지는 귀인의 상이었다. 그러나 우수에 젖은 듯한 눈동자는 가늘게 흔들리고 있었다.

왕자 기는 11세(1341, 충혜왕 복위 2)에 인질이 되어 원나라로 와서 이제 나이 17세였다. 비록 남의 나라라 해도 황궁에 살면서 호사로움은 마음껏 누릴 수 있었지만 자기가 왜 이 곳에 와야 하는지를 너무도 잘 알고 있기 때문에 궁중생활이 마음 편하거나 즐겁지 못했다. 더구나 고려의 정세가 바뀔 때마다 기의 의지와는 아무런 상관없이 권력 쟁탈에 휘말려 목숨까지 위태로웠던 적이 한두 번이 아니었다.

13세기 고려는 약 30년에 걸친 몽고와의 전쟁에 결국 실패하고 그들과 화친 조약을 맺으면서 소위 원 간섭기로 접어들었다. 이후 즉위하는 고려왕은 모두 왕의 묘호에 '조(祖)'나 '종(宗)' 자를 사용할 수 없었을 뿐 아니라 원나라 황제보다 한 단계 격을 낮추어서 그들에게 충성을 다하겠다는 의미로 '충○왕'으로 불렸다. 이에 따라 왕실의 존호나 관청의 명칭도 모두 격하되었고, 관리들의 복색이나 그 밖의 여러 규범도 그들의 요구에 따르도록 강요당했다. 이러한 상황에서 왕자들은 인질이 되어 원에 붙잡혀 갔으며, 심지어 고려 국왕의 왕위 계승조차 그들 멋대로 좌우하는 등 노골적인 내정 간섭을 하였다.

일찍이 원의 압력으로 강제로 폐위 당한(1330) 충숙왕은 원나라 수도, 연도에 있으면서(1330~1333) 강릉대군 기를 자신의 후계자로 삼는다고 공포했었다. 그러나 원에서는 자기들 마음대로 충숙왕 대신 충혜왕을 즉위시켰는데, 충혜왕과 기는 모두 충숙왕의 아들이지만 모후는 달랐다. 당시 기는 충혜왕보다 15살이나 아래인데다가 한두살에 불과한 어린 아기였다. 그런데도 충숙왕이 어린 기를 후계자로 선택한 것은 원나라의 이간 정책으로 말미암아 충숙왕과 충혜왕 부자의 불화가 매우 심각했기 때문이다.

얼마 뒤 원나라는 충혜왕을 폐위하고 충숙왕을 다시 복위시켰는데(1332), 이 과정에서 부자간의 갈등은 더욱 증폭되고 충숙왕은 임종에 이르면서까지 측근들에게 기를 후계자로 받들라고 유언하였다.

충숙왕이 승하하자 원에서는 고려 조정의 의사와는 전혀 상관 없이 다시 충혜왕을 복위시켰는데 그는 정치에는 관심이 없고 패륜아적인 행태만을 거듭하였다. 왕실에나 여염에나 미모가 빼어난 여인이면 닥치는 대로 겁탈하고 갖은 악행을 자행해서 백성들을 불안과 초조 속에 살게 했다. 심지어 딸을 가진 사람 중에는 압록강을 건너 중국으로 도망가는 자들까지 속출하였다.

이러한 고려 조정의 불안이 자신에게도 이롭지 못하다고 판단한 원나라는 충혜왕을 또 폐위시켜 광동성(廣東省)으로 유배 보냈는데, 그는 결국 유배 길에서 비참하게 생을 마감하고 말았다(1344). 그 뒤 원에서는 또 한 번 기의 존재를 무시하고 충혜왕의 아들 충목왕을 고려왕으로 즉위시킨다고 공포하였다.

왕자 기는 이렇게 태어나면서부터 충혜왕, 충목왕과의 치열한 왕위 계승 다툼에 번번이 휘말리면서 한 치 앞도 기약할 수 없는 위태로운 목숨을 이어 가다가 마침내 원나라에 볼모로 잡혀 왔다. 원나라에서 기는 고립무원의 형편으로 아무도 믿을 수 없는 처지였기 때문에 마음을 열고 대화를 나눌 만한 상대가 한 사람도 없었다. 궁궐에는 고려인들이 끊임없이 드나들었고, 함께 지내는 관리나 궁녀들 중에도 고려인은 많이 있었다. 그러나 이들은 이권을 챙기는 데만 혈안이 되어 오로지 원나라 실력자들을 쫓아다니는 해바라기와 같은 존재들이었기에 원나라가 등한시하는 고려 왕자는 안중에도 없었다. 이익을 위해서라면 어떠한 음모와 술수라도 꾸밀 수 있는 사람들인지라 기의 궁중생활은 살얼음판을 걷는 것과 같았다.

그런 형편에서 보우라는 뜻밖의 인물이 나타났다.

그는 이전에 봐오던 고려인들과는 전혀 달랐다. 1년 전, 황제의 청을 받으며 당당하게 입궐해서 가르침을 베푸는데 우렁찬 목소리와 기품 있는 태도는 듣는 사람들에게 깊은 인상을 주었다.

그리고 오늘, 보우가 법왕이 되어 돌아오자 이번에는

황제가 가족과 대신 전부를 이끌고 몸소 그를 만나러 가는 것이었다. 영녕사에 도착해 보니 설법을 듣기 위해 그처럼 많은 고승들이 한 자리에 모인 것에 다시 한번 놀랐다. 보우의 설법은 그야말로 진실 되면서도 위엄으로 사람들을 압도하였다. 설법이 끝나고 대신들이 찬탄하는 소리가 여기저기서 들리는데 원나라에 온 이래 고려인이 이와 같은 대접을 받는 것은 한번도 본 적이 없었다.

왕자는 자기도 모르게 주먹을 불끈 쥐었다.

기는 원나라 궁중에서 한낱 인질로서 소외되었으며, 생명이 위태로운 순간에도 의논할 사람 하나 없이 혼자 가슴 졸이며 번민했었다. 몽고인이건, 고려인이건 믿고 의지할 사람은 어디에도 없었다. 이제 보우를 보자 기는 천군만마를 얻은 기분이었다. 황제 이하 모든 사람의 절을 받을 수 있는 분이 고려인이라니, 얼마나 놀라운 일인가? 그런 사람이 자기 옆에 있다면 세상에서 이루지 못할 바가 없을 것이라고 생각했다. 왕자는 줄곧 법회를 지켜보면서 보우와 더불어 세상을 바꿔 보겠다는 비장한 각오를 하였다. 그래서 법회가 끝나자 곧 바로 보우를 찾은 것이다.

왕자는 보우의 설법을 칭송하면서 운을 떼더니 뜻밖의 말을 꺼냈다.

"만일 소자(小子)가 이 다음 고려의 국왕이 된다면 반드시 스님을 나의 스승으로 모시겠습니다."

더듬거리긴 했지만 왕자는 분명 고려말을 하고 있었다. 보우의 눈가가 젖어들었다.
　왕자와 뜻밖의 조우를 하면서 보우는 고려의 현실을 몸으로 실감하였다. 먼 이국땅에서 자신이 고려인이라는 사실을 새삼 새기며 고려의 참담한 현실에 뼛속까지 아픔을 느꼈다. 인질로 잡혀 온 왕자가 낯선 고려인을 만나 아무도 기약할 수 없는 미래를 약조하는 것이다. 구체적인 말은 없어도 왕자의 어감과 눈빛에서 그가 얼마나 좌절과 외로움에 빠져 있는지 절절이 느껴졌다.
　왕자를 전송하고 돌아오는 보우의 머리 속은 복잡했다. 고려와 원나라, 황제와 인질, 세자 기와 보우 자신…….
　보우가 중국에 온 것은 선지식을 만나 모름지기 인가받는 것이 전부였는데, 이 곳에는 또 하나의 인연이 자기를 기다리고 있었던 것이다. 보우는 피할 수 없는 운명이 서서히 다가오고 있음을 느꼈다. 세자가 앞날을 기약했듯이 자기도 앞날을 준비해야 한다고 생각했다.
　보우가 영녕사 주지로 취임하는 법회는 황제 일행이 돌아간 뒤에도 밤낮으로 3일이나 지속되었다. 당시 고려인 통역관이 쓴 《박통사언해(朴通事諺解)》를 보면 그 때 법회가 얼마나 성대했는지 그 일단을 짐작할 수 있다.

　……대도(大都) 영녕사에 불법을 들으러 가세. 견성 득도한 고려승 보우는 강남땅 석옥의 사법제자라오. 회광반조(廻

光反照)하고 크게 발명득오(發明得悟)해서 의발(衣鉢)을 전해 받고 영녕사로 돌아와 황제의 명으로 도량을 열어 불법을 말씀하신다오. 삼일 삼야로 몇 날을 하시는데 오늘부터 시작해서 모레면 파한다오. 여러 나라 사람, 선남선녀 모두들 큰 자비심을 발하는 그 곳을 향해 불법을 들으러 가니 이렇게 진실된 선지식을 어디서 또 얻는단 말이오?……'

 영녕사 법회가 끝나고 동지가 지난 지도 한 열흘이 넘었다. 저녁 해가 노루 꼬리만큼 길어졌다. 보이지 않게 조금씩 그림자 길이도 짧아지고 있었다.
 겨우 짬을 낸 보우는 서둘러 그간의 사정을 상세히 적어 석옥에게 부쳤다. 석옥을 사모하는 마음을 편지에 전하면서, '한결같이 자리이타(自利利他)를 행하되 불법을 천하게 팔지 않을 것이며, 나아가 후세에 이르도록 법의 종자가 끊기지 않게 하겠다'고 맹서하였다. 석옥도 제자의 안부를 걱정하다가 보우의 서신을 받자마자 섣달 29일에 답장을 보내왔다.
 보우는 그 해 겨울을 영녕사에서 머물렀다. 승속을 가리지 않고 많은 사람들이 연일 찾아왔다. 보우는 매일같이 계속되는 법회에 참석해서 설법을 하고, 답답해서 찾아오는 선승들을 일일이 응대하였으며, 그들의 간청에 못 이겨 글씨를 써 준 것도 부지기수였다. 또 하무산에서 석옥의 시자 절암(節庵)이 스승의 편지를 가지고 왔을 때에는 반가움과 고마움에 그를 위해 특별히 수행의 요체를 가르치는 시를 지어 주었다. 아울러 주륵사(朱勒寺)의 규(圭) 장로나 개천당(開天堂) 담당(湛堂) 장로와도 서신을 왕래하며 선지(禪旨)를 나누었다. 한편 원사 무제거사(無際居士) 장해(張海)를 위해서는 조주스님의 '무'자 화두를 어떻게 살펴야 하는지 자상하게 일러 주었으며, 제자들의 청을 뿌리치지 못해 자신의 생애를 소개하는 글을 시로 읊어 주었다.

밤이 되어 한적한 틈이 나면 곰곰이 앞으로의 계획을 생각하였다. 지금까지는 견성을 이루고, 인가 받는 데만 마음을 모아 오직 한 길로 달려오는 구도자로서의 삶에만 충실했었다. 애당초 보우는 새봄이 되면 하무산에 가서 스승을 모시며 조용히 지내려 했었다. 사제(師弟)들에게 보낸 시 〈연도영녕선사개당일(燕都永寧禪寺開堂日)〉에서도 앞으로는 청산에 들어가 원숭이, 호랑이와 짝하며 놀겠다고 했었다.

그러나 왕자 기를 만난 이후 보우는 고려인으로서 자기가 해야 할 일을 찾아야 한다는 생각이 들었다. 또한 보우는 수많은 사람들을 응대하면서 대부분 불법에 관해 대화를 나누었지만 자연히 어지러운 국내외 정세에 관해서도 많은 이야기를 들으면서 하루속히 고려로 돌아가기로 결심했다. 출세간의 도인이라 해서 어려움이 없는 건 아니지만, 사바세계 중생들은 각자가 쌓은 업에 따라 실타래처럼 얽힌 인연의 무게에 눌려 간단없는 업고를 치르느라 아비규환을 이루고 있었다. 도덕적으로 부패한 귀족과 실권을 잃은 왕들의 실정(失政)은 결국 이 땅의 민초들을 인간 이하의 삶으로 내몰고 있었다.

세속에서 벗어난 승려라는 이유만으로 도탄에 빠진 고려의 현실을 도외시할 수 없었다. 이제는 자기가 얻은 도력을 중생을 위해 베풀면서 살아야 할 때가 되었다. 될 수 있는 한 빨리 고향으로 돌아가 고려를 위해 무엇인가 해야 한다고 마음을 정리하였다.

새해(48세, 1348) 정월 15일 동안거 해제 날, 원나라에서의 마지막 법문을 설하기 위해 법상으로 올라갔다.

향을 뽑아 사른 뒤 주장자를 잡고는 외쳤다.

흰 것은 희고 푸른 것은 푸르며, 붉은 것은 붉고 공(쑈)한 것은 공하도다.

과거의 부처도 이렇게 살았고, 현재의 부처도 이렇게 살며, 미래의 부처도 이렇게 살리라.

이렇게 들먹이는 것도 이미 잠꼬대인데, 대중은 무엇 때문에 자리에서 졸고 있는가?

보우는 주장자로 법상을 세 번 친 다음 자리에서 내려왔다.

진리는 거창하거나 비밀스런 곳에 숨어 있는 것이 아

니다. 보물찾기를 하듯 구석구석을 뒤져봐야 아무것도 얻지 못한다. 진리는 바로 우리 곁에 언제나 적나라한 모습으로 드러나 있다. 맑은 정신으로 깨어나 주위의 것을 있는 그대로 바라보기만 하면 된다. 제법무상(諸法無常)한 존재가 곧 엄연한 제법실상(諸法實相) 그대로인 것이다.

설산을 찾은 사자

1348년(충목왕 4) 동안거 해제도 끝나고 남풍이 불기 시작하자 보우도 행랑을 꾸렸다. 봄이 오고 있는 고향, 고려로 돌아갈 차비를 하며 배편을 기다렸다. 영녕사 승려들과 그 밖의 많은 사람들이 간곡히 말렸으나 보우는 그저 미소만 지었다.

사람과 짐을 가득 실은 배가 닻을 올리고 물살을 가르며 출발했다. 오던 길을 되짚어 가는 바닷길은 하늬바람을 탔는데도 더 아득하게 멀어 보였다. 앞날을 예견할 수 없는 착잡한 심정 때문이었다. 배는 파도와 싸우고 사람들은 배 멀미와 씨름하면서 항해는 지루하게 계속되었다. 앞으로의 일은 인연 따라 닥치겠지만 자기 앞에 어떠한 책무가 주어지더라도 피하지 않으리라 마음먹었다.

드디어 새벽녘, 뿌연 안개 속에서 크고 작은 섬들이 점점이 바다 위로 떠올랐다. 바위와 소나무로 머리를 치장한 조가비 같은 섬들, 배가 섬 사이를 헤치며 물을 가르자 갈매기들이 마중 나와 머리 위에서 길 안내를 한다. 해가 차츰 높이 솟으면서 안개가 걷히고 물살에 갓 목욕한 해안선이 하얗게 반짝인다.

2년 만에 밟는 고려땅이었다. 이 곳에서 배를 타고 떠날 때는 생각지도 못했는데 이제 와선 여기가 고려라는 사실이 새삼 애틋하고 뿌듯하였다.

벽란도에 내린 보우는 잠깐 개경에 들렀다가 원에서 가져온 대장경을 안치하기 위해 보법사로 갔다. 보법사는 개풍군 대성면 고읍리 말흘산에 있던 사찰인데 지금은 주춧돌과 돌미륵만 남아 있다. 본래 이 곳은 고려 태조의 왕비 유씨가 자기 집을 희사해서 지은 절인데 이 무렵 칠원부원군 윤환(尹桓, ? ~1386)이 선원법온(禪源法薀) 화상과 더불어 건물을 중창하였다. 충목왕은 보법사 중창을 기념하고자 대장경을 이 곳에 봉안케 하면서 성대한 법회를 열게 하였다.

법회를 마친 보우는 곧 한양의 삼각산 중흥사로 향했다. 보우가 법왕이 되어 돌아왔다는 소식은 온 고려에 퍼져 알 사람은 다 알고 있었다. 그래서인지 보우가 중흥사에 당도하자 그를 맞으려는 승려들이 마당을 가득 메우고 있었다. 보기만 해도 믿음직한 찬영을 비롯하여 철봉, 조굉, 일념, 유창 등 제자들과 예전에 중흥사 선방에서 낯이 익었던 승려들이 대부분이었지만 그 중에는 낯선 얼굴들도 더러 보였다. 다들 반가운 표정이 역력하였다.

보우는 산문에 들어서며 제자들에게 외쳤다.

"옛날에도 이 문으로 나오지 않았고, 오늘도 이 문으로

경기도 북한산 태고암의 보우 부도

들어가지 않으리니, 그렇다고 문 가운데 머무는 것도 아니다. 대중은 어디에서 이 태고 노승이 유희하는 것을 보는가?"

"……."

"북쪽 산마루에 핀 꽃은 비단처럼 붉은데, 앞 시내에 흐르는 물은 쪽빛처럼 푸르구나."(《보우어록》)

제자들은 스승이 느닷없이 내린 법어의 뜻을 몰라 어리둥절하였다.

　보우는 세월이 흘렀어도 산등성이에 핀 꽃이나 시냇물이 여전하듯이 제자들의 구도 열정 또한 변함 없음이 흐뭇하였다. 도착하는 즉시 석옥에게 무사히 귀국해서 중흥사에 왔다는 문안 편지를 올렸다.

　만수선원에는 자기가 떠나올 때보다 선승들이 배나 모여 들었다. 방이 비좁은 데다가 침구도 부족했으나 그래도 굳이 남고 싶다는 승려들을 받아들이다 보니 선방에 앉으면 서로 무릎이 닿을 정도가 되었다. 참선은 언제 어느 곳에서 무엇을 하든지 화두만 놓치지 않으면 된다. 모든 여건을 갖추고 나면 공부는 도리어 힘이 떨어진다. 자리는 부족해도 이들에게 진리의 맑은 샘물을 듬뿍 먹여 줄 것이다.

　이로써 예전에 채하중과 김문귀에게 진 빚을 갚고 그들과 맺었던 세속의 인연을 푸는 것이다. 그리고 다시는 중흥사를 돌아보지 않

경기도 북한산
태고암의 보우 비석

을 것이며 자기를 찾아 온 저 선객들은 훗날 다른 곳에서 만날 것이다.

그 전까지 보우는 채하중과 김문귀가 자기의 복전이며 단월로서, 신심 깊은 불자라고만 알고 있었다. 그들은 선대 때부터 각별한 불심을 다지고 승려들을 가까이 모시며 불법을 옹호했었다. 그러나 그게 전부는 아니었다.

원나라에 머무는 동안 보우는 원나라 궁중을 드나들던 숱한 고려 관리들을 봤다. 그들은 분명 고려인이었으나 고려의 국록을 훔치는 도적이었다. 고려의 신하였으나 자신의 직분은 접어둔 채 뻔질나게 원에 왕래하며 아첨과 뇌물로 몽고인들의 환심을 사는 데 바빴다. 원의 세력가를 업고 오로지 일신의 영화만 쫓는 탐욕한 파렴치한들이었다. 고려 조정의 자주성 확보나 백성의 안녕에 관해서는 전혀 괘념치 않았다. 그들의 상전은 고려 국왕이 아니라 원나라의 황실이나 대신들이었다. 보우는 중국에 가서야 고려인들 가운데 누가 충신이고, 누가 나라를 망치는 기생충인지 분별할 수 있었다. 불행하게도 채하중과 김문귀는 전형적으로 후자에 속하는 인물들이었다.

채하중의 부친 채홍철은 일찍이 고려에서 최고의 권력을 누렸던 인물이다. 자기의 권세를 이용하여 불법적으로 뇌물을 받거나 백성의 토지를 강탈해서 거부가 되었는데도 아무도 감히 탄핵조차 못했던 당대 대표적인 세력가였다.

채하중은 그의 첩비 소생의 서자였는데 아버지의 대를 이어 권력과 부귀를 마음껏 누렸으며 원나라에서도 상당히 고위직인 5품 벼슬을 제수 받았다. 그런 권세를 배경으로 몽고에 체류중인 왕실의 근친 심양왕 왕고(王暠)와 내통해서 충숙왕을 내쫓으려는 음모(1321)까지 꾸몄다. 즉 채하중은 조적(曺頔), 김가노(金家奴) 등과 함께 귀국해서 원의 황제가 충숙왕 대신 심양왕을 새로운 고려 국왕으로 책봉했다는 유언비어를 퍼뜨리며 국정을 멋대로 농락하려 하였다. 그러나 일이 뜻대로 이루어지지 않자 다음에는 원에 있는 2천여 명의 무뢰배를 동원하여 충숙왕을 무고하는 탄핵안을 연명으로 작성하여 원나라에 고소하였다. 이로 말미암아 충숙왕이 폐위되고 왕과 사이가 좋지 않던 충혜왕이 대신 즉위하였다.

그 뒤 충혜왕의 정치에 불만을 품은 조적이 다시 반란을 일으켰는데, 이번에는 조적과의 관계를 끊고 충혜왕을 무사하게 호종해서 그 공로로 1등 공신에 책록 되었다. 그 뒤로도 채하중은 계속 원에 드나들며 그 후광을 업고 세력을 점점 더 키우다가 충목왕 때에는 우정승까지 지위가 높아졌다.

한편 김문귀는 채하중과 같은 친원파 권문세족으로서 집안끼리 대대로 친밀한 관계에 있었다. 김문귀의 부친 김이(金怡, 1272~1347)의 본명은 정미(廷美)인데 '이'로 고치게 된 것도 충선왕이 이름을 하사했기 때문이다. 그는 일찍이 충렬왕 때부터 국왕을 보필하며 자주 원에 드나들었는데 충렬왕과 충선왕 부자가 함께 원에 있으면서 그들 사이에 틈이 벌어지자 적극 충선왕 편을 들어 충선왕 즉위에 결정적인 역할을 한 공로로 국왕의 측근이 되었다. 그 역시 정치를 마음대로 획책하고 부정부패를 일삼다가 한때 아들 문귀와 함께 파직된 적도 있지만 충숙왕이 즉위하면서 복직되었다. 그 뒤 채하중이 심양왕 왕고를 고려 국왕으로 옹위하려 했을 때에는 그들 부자와 함께 연루되어 잠시 감옥에 갇혔다가 석방되기도 하였다.

이어 충혜왕이 즉위하자 이번에는 밀직사가 되어 관리들의 인사권을 마음대로 휘둘렀는데 이것이 또 문제가 되어 유배를 당했으나 곧 복권되어 가문의 위세를 계속 떨쳤다.

보우는 채홍철이 자기를 전단원으로 초빙할 무렵부터 승려와 신도 관계로 왕래를 가졌다. 당시 보우는 오직 견성을 위해 몸부림치던 시기였기 때문에 세속인들의 정치적 성향까지 자세히 알지 못했다. 고려에서 내로라 하는 권력가이면서도 선지(禪旨)에 깊은 관심을 갖고 있는 기특한 불자로만 여겼다.

그러나 원을 다녀오면서 그들의 정체를 안 이상 마땅히 그들과의 관계를 청산해야 했다. 이것은 보우 자신이 떳떳해지는 것이고, 백성을 위하는 것이며, 나아가 그들에게 경종을 울리는 것이었다.

보우는 오랜만에 고국 제자들을 대하며 가르치는 일에 정성을 다하였다. 제자들의 눈빛을 보면 그래도 희망이 보였다. 그 가운데서도 보우의 눈길이 자주 머무는 것은 찬영이었다. 경기도 양주에서 태어나 일부러 자기를 찾아 중흥사로 출가해 올 때만 해도 불과 14살 나이로 귀밑에는 상기 솜털이 보송보송 나 있었다. 그러나 나이에 어울리지 않게 무던하고 조숙해서 절 생활에 빨리 익숙해지고 어지럽던 눈동자도 곧 깊고 차분해졌다.

보우는 지난 번 중흥사를 떠날 때 찬영에게 비구계를 주고 그를 가지산문의 제2인자인 정혜(淨慧, 송광사 14대 사주)국사에게 보냈었다. 보우가 귀국했다는 소식에 찬영도 스승 곁으로 돌아왔다. 스물 한 살의 건장한 청년으로 변모한 찬영은 어느 새 머리 정수리도 불룩해지고 얼굴색도 더 맑아진 것이 공부가 많이 익었음을 한눈에 알 수 있었다.

보우는 문득 옛날 일이 떠올라 혼자 미소를 지었다. 초심자였을 때 후원에서 밥을 하려면 미리 쌀을 씻어 물에 불도록 함지박에 담가 두었다. 잠시 있으면 함지박에서 짜르르 하는 소리가 들렸는데 처음엔 그 소리가 어디서 나는 무슨 소리인지 몰랐다. 알고 보니 바로 쌀알들이 물기를 머금고 부피가 커지느라고 내지르는 소리였다. 그 때 보우는 그 작은 쌀알들이 크느라고 소리치던 것이 너무나 신기하고 대견스러웠다.

이제 찬영의 모습을 보자 옛날 공양간에서 들여다보던 쌀알들이 회상되었다. 절집의 훈기를 머금으면서 찬영도 그렇게 커갔던 것이다. 혹독한 행자, 사미 시절을 거치며 사춘기를 겪느라 좌충우돌하기도 했었다. 이제는 어엿한 비구가 되어 선방에서 화두를 타면서 엄습해 오는 망상과 싸우느라 가끔 얼굴이 시뻘겋게 달아오르는 찬영을 보노라면 저러다가 마음마저 다치지 않을까 적이 염려되기도 하였다. 그 작은 쌀알들도 크느라고 소리를 질러대는데 하물며 중생을 이끌 대장부로 거듭 태어나는 데에 어찌 아무런 장애가 없을까? 그의 몸놀림 하나 하나는 우주를 진동시키고도 남아야 한다.

그럴수록 이번 여름을 지나면, 다시 그를 내쳐 여러 선지식들 아래서 혹독한 수행의 길을 걷도록 해야 한다. 자질 있어 보이는 제자일수록 정을 거두어야 했다. 한 소식 했다는 여러 선지식들의 그늘을 차례로 거치면서 몽둥이로 맞고, 칼바람을 쐬고, 뜨겁게 담금질 당해야 변화무쌍한 망상의 바다에서 빠져 나오고, 언어의 유희에서 헤어나와 진정한 대장부로 태어날 수 있다.

어느덧 석 달이 지나 하안거를 마치는 7월 백중이 되었다. 아침에는 선승들을 모아 해제 법문을 하고, 낮에는 구름처럼 몰려드는 일반 신도들을 위해 우란분재를 설치하였다. 옛날 목련존자가 지옥에 떨어진 어머니를 구하기 위해 부처님의 가르침에 따라 수행승들을 공양했다는 고사에서 유래된 법회다. 이 날만은 목련존자의 공덕으로 온갖 지옥의 문이 활짝 열린다 하여 법당에는 갖가지 떡과 과일, 향과 초를 진설하고 현세와 전세의 부모를 위한 법회를 올린다. 설법과 범패와 승무와 탑돌이가 차례로 이어지며 우란분재는 저녁까지 계속되었다.

이튿날 새벽부터 보우는 고향으로 가는 길을 재촉하였다. 유유히 흐르는 한강 물은 예처럼 넘실거리고 강 가장자리로 드리운 산그늘은 물보다 더욱 푸르렀다. 물 아래 산이요, 산 아래 하늘이었다. 강을 끼고 오솔길을 걷다 보면 남한강과 북한강이 합류하는 양수리가 나오고 갑자기 강폭은 넓어진다. 거기서 보우는 고향으로 가는 나룻배를 불렀다. 사공이 삐걱거리며 노를 저으면 나뭇잎 같은 나룻배는 조금씩 물을 헤치고 앞으로 나갔다. 강 가운데쯤 오니 어디가 물이고, 어디가 뭍인지 분간이 없는 늪이 나왔다. 옆으로 스쳐 가는 부들 숲에서는 놀란 오리 떼들이 갑자기 푸드득 날아오르다가 낯익은 사공인 줄 알고는 이내 돌아온다. 어떤 놈은 물을 지치며 미끄럼을 타고, 어떤 놈은 먹이를 잡으러 자맥질하느라 궁둥이만 내놓고 거꾸로 박힌다.

고향의 모친은 여전히 여위셨지만 다행히 아들의 소식 때문에 애간장을 녹이는 눈치는 아니었다. 훌륭한 큰스님에게 안부 따위로 노심초사하는 게 가당찮다는 것을 아는 까닭이었다. 아들이 뜬금없이 나타났다가 앉았던 자리가 더워지기도 전에 훌쩍 떠나버리는 것에도 익숙해 있었다. 다만 얼굴을 볼 수 있다는 것에 고마워서 어쩌다 한 번 만나면 아들에게서 눈을 떼지 못할 따름이었다.

보우도 모친과 마주 앉아 있노라면 언제나 자기가 어머니를 보살피는 것이 아니라 도리어 늙은 어머니가 자기를 지켜 주고 있다는 생각이 들었다.

모친께 문안을 여쭌 후 사나사로 갔다. 어머니께 들를 때마다 하루 묵어 가기에 적당한 곳이었다. 뿐만 아니라 쉬고 싶을 때는 언제라도 쉴 수 있는 자리였다.

사나사에 들어온 지 한 달여 지난 어느 날 문득 고개를 들고 산을 바라보니 산색이 달라져 보였다. 나무들이 오색으로 물들어 가면서 며칠 사이로 산마루에서 단풍의 고운 자태가 물결을 이루며 아래쪽으로 점점 흘러내렸다. 사나사 계곡물의 포말도 더 하얗게 투명해지고 코끝으로 불어오는 바람도 더 쫀쫀해졌다. 한여름 내내 수고했던 나무들 가지마다 주저리주저리 열매가 여물어 가고, 철새들은 새끼들에게 멀리 나는 연습을 시키기 시작했다. 보우는 시자를 데리고 가을맞이 길을 나섰다.

용천을 따라 마을로 내려오며 산자락을 휘어 돌자마자 들판에서는 벼 익는 냄새가 풍겨왔다. 들판은 온통 황금빛으로 넘실거리고 바람결 따라 금물결 파도가 출렁거렸다. 제 무게를 못 이긴 나락들이 고개 숙이고 있는 들판에는 헤프게 생긴 허수아비가 고개를 끄덕이며 참새를 놀렸다. 보기만 해도 배가 불러오는 모처럼의 풍작이었다.

보우는 마을로 가는 삼거리에서 고개를 넘는 산길로 접어들었다. 용문산 끝자락을 구불구불 타며 농다치 고개를 숨가쁘게 넘고 잠시 다리를 쉬어 다시 서너치 고개를 넘으면 용문산의 서북쪽이 되었다. 골짜기를 벗어나 북한강이 바라보이는 제법 널찍한 평지로 나오자 큰 마을이 나타나고 말들이 무리지어 풀을 뜯고 있는 목장이 보였다. 왕실에서 사용하는 말을 기르는 미원장(迷原莊)이라는 곳이었다.

쉬엄쉬엄 오다 보니 짧은 가을 해가 기울어 그림자를 길게 늘어뜨린다. 시자들이 앞서서 하루 묵어갈 곳을 찾는 중에 보우를 알아본 노인이 급히 달려 나왔다. 정이 깊고 붙임성 있어 보이는 노인은 미원장에서 일을 보는 선대(善大)라고 하는 아전으로 조상 대대로 이 곳에서 마장을 돌보는 사람이었다. 선대는 가까운 절이래야 한참을 더 가야 하니 불편하더라도 관청의 객사에 들러 달라고 간곡히 청하였다. 하는 수 없이 그를 따라 객사로 들어서자 선대는, "근처에서 훌륭한 도인이 나셨다는 말을 들었는데 이제야 뵙게 되니 광영이 한량없습니다." 하면서 공손히 절을 올렸다. 그리고 어느 틈에 준비했던지 소담하게 차린 저녁상이 들어왔다.

보우가 은둔할 곳을 찾아다닌다는 설명에 선대는 반색

을 하며 제발 이 곳에 거처를 정해 달라고 간청하였다. 왕실의 장원과 마장이 있어 개경 나리들이 많이 드나들고 물산도 제법 넉넉한 곳이니 보우가 생활하는 데 부족함이 없을 것이라는 이야기였다. 보우 같은 큰스님이 머물며 교화를 편다면 자기는 물론이고 마을 전체의 더없는 영광이라고 간절하게 붙들었다.

보우는 마땅히 어디라고 정해 놓고 길을 나선 것은 아니지만 오히려 사람의 왕래가 드문 조용한 곳에서 지내고 싶다면서 거절하였다. 선대는 매우 실망했지만 이내 웃음을 지으며 바로 그런 곳이 인근에 있다면서 내일 날이 밝는 대로 자기가 앞장서겠다고 하였다.

다음 날 이른 아침, 보우 일행이 길을 나서는데 선대는 음식을 잔뜩 준비하고 말까지 대령해서 먼저 기다리고 있었다. 보우가 말타기를 한사코 사양하자 조그만 음식꾸러미를 들린 동자만 뒤따르게 하고 걸어서 출발하였다.

선대는 전날 보우가 왔던 길을 되짚어 시오 리쯤 가더니 길을 꺾어 계곡을 따라 걸었다. 오른편으로 제법 큰 개울을 끼고 20리는 족히 골짜기로 들어가니 불쑥 튀어나온 바위가 앞을 가로막는 것이 거기서 길이 끝난 듯했다. 바위를 끼고 몹시도 휘어진 산모롱이를 돌아서자 뜻밖에도 비좁은 골짜기를 비집고 층층이 밭을 일구며 사는 작은 마을이 눈에 들어왔다. 조개비만한 곳이라도 몸을 기댈 곳이 있으면 오두막을 짓고 화전을 일궈 살아가는 백성들의 몸부림을 그 깊은 골짜기에서도 마주할 수 있었다.

사람이 겨우 지날 수 있는 밭두렁을 지나 더 올라가니 개울이 시작되는 곳에 오두막이 서너 채 있고 길은 거기서 끝났다. 개울에서 목을 축이는데 마을 사람들은 낯선 외지인이 궁금해서 나오다가 일행이 스님인 것을 알고는 허리를 깊이 숙여 합장하였다. 보우도 일어나 합장하며 바라보니 궁벽한 골짜기에 묻혀 남루한 옷을 걸치고 있는 가난하지만 순박한 얼굴들이었다.

마을은 앞으로 작은 시내가 흐르고 머리 위로는 용문산 뒷자락이 검은빛을 띠고 높이 솟아 있었다. 그러고 보니 사방이 병풍을 두른 듯 모두 산으로 싸여 있고 그 가운데 주먹만하게 움푹 파인 곳에 마을이 있었다. 촌부에게 마을 이름을 물으니 '눈골'이라고 하는데 일 년에 거의 절반은 눈이 쌓여 있어 붙여진 이름이란다. 햇빛도 없는 구석이라 겨울 들어 눈이 내리기 시작하면 오는 대로 쌓이기만 하고 녹지 않아 천지가 하얗다가 이듬해 봄이 한참 지나서야 다 녹는다는 것이었다.

산으로 둘러싸여 가운데가 움푹 들어간 것이 마치 새 둥지 같은 마을, 이 곳이라면 보우도 날개를 접고 편히 쉴 수 있으리라는 생각이 들었다.

'이 마을 이름이 눈골(雪谷)이라 했던가?

석가모니 부처님이 수행했던 곳이 만년설로 덮인 히말

라야 설산이라 했거늘!

그렇다면 봄이 오도록 눈에 덮여 있다는 저 용문산은 소설산(小雪山)이로구나!'

용문산은 미지산이라는 별칭과 함께 보우로 인해 소설산이라는 아호를 하나 더 갖게 되었다. 보우는 '갈 곳을 몰라 하던 곳(迷原)'에서 '소설산 아래 눈골'에서 쉬라고 가르쳐 준 선대가 고마웠다. 보우가 몹시 만족해하자 선대도 기쁘기 짝이 없었다. 큰스님께 방해만 되지 않는다면 미원장에서 이 곳까지는 언제라도 단숨에 다녀갈 수 있는 거리였기 때문이다.

현재 가평군 설악면 설곡리 소설부락으로 일컬어지는 이 곳이 얼마나 오미며 또한 길지였는지 조선시대에 유행했던 《정감록》에도 피난처 십승지의 하나로 꼽혀 있다. 6·25 때 용문산 전투가 격심했다고 하지만 지척에 있는 소설부락은 퇴로가 없어 군부대가 주둔할 수 없다는 이유로 군인들이 들어오지 않아 마을이 모두 무사했던 곳이다. 지금도 소설부락으로 가려면 설곡리의 초소와 같은 엄소리를 지나 개천을 타고 구절양장 같은 길을 굽이굽이 지나야만 닿을 수 있다.

지금 소설암이었던 듯한 자리는 누군가의 문중 땅이 되어 텃밭이랑 묘자리로 변해 있다. 밭자락 여기 저기에서 발견되는 깨어진 기왓장들이 예전에 이 곳에 암자가 있었음을 말해 준다. 무덤 주위 가려진 덩굴 사이로 쓰러져 있는 종 모양의 부도가 하나 있는데 어쩌면 보우를 숭모하던 어느 승려의 사리탑으로 추정된다. 아마 탑자리에 무덤을 쓰면서 옆으로 옮기다가 쓰러뜨린 모양이다.

며칠 뒤부터 보우는 낮은 언덕에 기대어 작은 암자를 지었다. 시자들이 밤낮으로 터를 고르며 일을 벌이자 선대가 마장의 노비들을 데리고 와 일을 거들었다. 그렇게 훌륭하신 스님이 자기네 마을에 든다는 소리에 마을 사람들도 덩달아 신바람이 났다.

법당과 승당의 몸체가 올라가고 기와도 이어져 암자 모습이 차츰 갖추어졌다. 작지만 선방도 한 칸 마련했다. 보우는 자그마한 판자 조각에 붓을 들어 '소설암(小雪庵)'과 '태고선원'이라는 현판을 써서 법당과 선방 위에 각각 걸었다. 부족한 것은 차차 손보기로 하고 얼추 일이 마무리되자 보우는 법당에 올라 여러 날 공력을 들인 사람들과 더불어 조촐하게 회향 법회를 올렸다.

보우와 시자들은 서둘러 밭에 보리를 심고 땔감을 장만했다. 머잖아 눈이 내리면 꼼짝할 수 없기 때문이다. 자리를 잡고 보니 암자는 생각보다 양지바르고 아늑했다. 고개만 들어도 바라보이는 용문산이 마음 든든하여 이만하면 자신의 종신처(終身處)로도 부족함이 없었다.

보우는 선방의 제자 10여 명만 데리고 단촐하게 지냈다. 소설을 며칠 앞두고 소설암에 드디어 첫눈이 내렸다.

소설암터에서 바라본 용문산(소설산)

경기도 가평군 설악면 설곡리 소설암터

설산을 찾은 사자 157

보우는 일없이 밖으로 나와 눈을 맞으며 사랑스러워 손에 쥐어 본다. 보우의 심정을 헤아렸는지 시자들은 스승을 방해하지 않으려고 밖으로 나오는 것을 삼갔다.

겨울이 깊어 가던 어느 날, 온 천지가 흰색으로 덮였는데도 손바닥만한 눈은 하염없이 계속 내렸다. 삼라만상이 모두 숨죽이고 있는데 어디선가 설해목 쓰러지는 소리가 침묵을 깨뜨린다. 묵상에 잠겼던 보우는 이윽고 먹을 갈더니 자세를 고쳐 앉았다. 눈처럼 흰 종이에 시커먼 먹을 뿌리며 〈석가가 설산에 머무시는 모습(釋迦住山相)〉과 〈석가가 설산에서 나오시는 모습(釋迦出山相)〉을 연이어 써 내려갔다.

찬양해도 당신에겐 덕될 것 없고
헐뜯어도 당신에겐 허물되지 않으리
정을 끊고 부모 버리는 막심한 불효가
6년을 찬 데 앉아 주리며 떠는 것이었구려.
讚也你無德　　　　毀也你無過
割愛忘親不孝甚　　六年冷坐飢寒餓 (〈釋迦住山相〉)

석가라고도 하고
싯달타라고 불러도
마오, 마오, 꿈일랑 말하지 마오
그것은 눈(眼) 속에 핀 꽃이 아니었소?

더없이 덕 높으니 찬양이 못 미치고

한량없는 자비심에 아무도 헐뜯지 못하더라
무량겁을 지나도록
미묘행을 닦으니
항하의 모래 수로도
항하의 모래를 다 헤아리지 못하리라.

출가하여 설산으로 갈 제는
가족, 친척들이 통곡하며 마음을 태우고
애간장 타는 듯 뼛속까지 아파함은
어찌 알았으랴, 세상 구제할 자비심이었어라!

그만, 그만, 그만, 어리석음은 이제 그만
꿈 아닌 꿈 이야기, 꿈인 듯 꿈 아닌 듯
석가모니는 오직
고요하여 아무것도 하지 않더라.

발가벗기듯 씻고 씻어서
분명해 보일지라도 잡히지는 않는구나
살아 있는 석가라니, 이 무슨 소리
석양의 갈매기 제 이름만 부르누나.

人言是釋迦	又道悉達陀
莫莫莫休說夢	渠非眼中花
德高無上讚不及	慈深無量毀不得
經無量劫	勤修微妙行
以恒河沙等	恒河沙不測
乃至如今出家入雪山	親姻慟哭爛心肝
爛心肝痛徹骨	豈知眞慈求世間

休休休莫憪憪　　　非夢說夢似夢非夢
只這牟尼佛　　　　寂然無爲常不動
赤洒洒露髁髁　　　的了了沒可把
活釋迦是何聲　　　夕陽沙鷗自呼名

（〈釋迦出山相〉）

석가를 발가벗기고 자기도 발가벗은 채 순백의 자리에서 존재의 근원을 들여다보았다. 선입견과 편견과 아집을 송두리째 내동댕이치면서 적나라해진 자기 자신을 보았다.

그 해 겨울이 가고 봄도 거의 끝날 무렵 하무산 석옥으로부터 답장이 왔다. 작년 11월 7일에 부친 편지가 이제야 손에 닿은 것이다. 또다시 겨울이 오고 가면서 세월이 흘렀다. 소설암은 이후로도 보우가 기회 닿을 때마다 찾아와서 마음을 쉬고 결국 열반을 맞이했던 곳이다. 초원을 마음껏 누비는 사자도 몸을 누일 나무 그늘이 필요했다. 그가 자연인으로서 도를 즐기며 그래도 여유 있는 시간을 가졌던 것은 소설암에 머물 때였다.

언젠가 소설암에서 지은 〈산중자락가(山中自樂歌)〉를 보면 모든 것을 벗어 던진 무위진인(無位眞人)이 혼자 흥얼거리며 장난하는 천진한 모습을 만나게 된다.

수염도 깎지 않고 머리도 깎지 않아

흡사 귀신 머리 나찰이로다
미련하고 어리석기는 돌대가리요
바보 같고 멍청하기는 말뚝이로다.

짚신 닳도록 조사 스님 찾아뵈어도
잘못되고 허황한 말만 늘어놓는구나
랄랄리 리랄랄
홀로 노래나 하며 쉬어나 가리라.

그대여, 태고의 즐거움을 아는가
두타가 취해 춤추니 광풍이 골짜기를 덮도다
스스로 즐기노라 세월 감을 몰라도
바위에 꽃 피고 지는 것은 알 수 있어라.

不剪鬚不剪髮	好箇鬼頭羅刹
憨憨癡癡也似石頭	愚愚魯魯也如木橛
踏盡草鞋參祖師	惡聲虛說如機發
囉囉哩哩囉囉	獨唱此曲來休歇
君看太古此中樂	頭陀醉舞狂風生萬壑
自樂不知時序遷	但看嵓花開又落

젊은 왕의 지혜로운 대들보

보우가 소설암으로 들어오던 해(1348) 섣달, 고려에서는 충목왕이 승하하고 원나라에 머물던 국왕의 이복 동생 충정왕이 원나라 실력자들과 결탁한 고려 권문세족들의 도움을 얻어 왕위에 올랐다. 그 때 고려의 뜻 있는 관리들이 대거 원나라에 들어가 왕자 기의 왕위 계승을 간곡히 청했으나 여지없이 좌절되었다.

새로 국왕이 되어 고려로 돌아온 충정왕은 불과 12세의 어린아이로 허수아비에 불과하고 정치는 몇몇 권신들이 독점해서 농락하였다. 원나라의 내정도 불안한 판에 고려의 국정까지 혼미를 거듭하자 자기네 국익을 위해서 더 이상 좌시할 수 없게 된 원나라는 3년 만에 충정왕을 폐위하고, 뒤늦게 충혜왕의 아우인 왕자 기를 즉위시켜 고려로 돌려보냈다.

여러 번 즉위에 실패한 공민왕(왕자 기)은 충정왕이 폐위되기 직전 원나라 황실의 실력자인 위왕(魏王)의 딸, 노국대장 공주와 혼인했다. 그리고 처가의 힘을 빌어 마침내 1351년 10월 고려왕으로 즉위하였다. 공민왕은 왕비와 함께 12월 말 개경에 당도하면서 고려 국왕으로서의 첫 발을 내디뎠다.

보우의 나이 52세(1352, 공민왕 원년), 소설암에 들어와 겨울을 보낸 지도 네 번이나 되었다. 앞산 가득하던 눈도 어느 결에 힘없이 녹아 아주 응달진 구석말고는 자취를 감추었다. 몸이 잰 종달새가 밭으로 숲으로 분주하게 날며 우짖는다.

어느 날 보우를 찾아 개경에서 손님이 왔다. 공민왕(1330~1374, 재위 1351~1374)은 봄이 되자마자 자기가 일찍이 원에서 약속했던 대로 보우를 찾아 그를 스승으로 모시고자 관리 손습(孫襲)을 보내 궁궐로 초빙한 것이다.

그러나 보우는 손습을 따라 선뜻 나설 수 없었다. 좀 더 소설암에 칩거하면서 제자나 기르며 조용히 지내고 싶었다. 그런데 개경에 올라갔던 손습은 한 달도 안 되어 다시 내려와 국왕의 간곡한 뜻을 재차 전하는지라, 보우는 하는 수 없이 그를 따라 개경으로 올라갔다.

처음으로 고려 궁궐에 들어가 내전에서 공민왕을 배알하는데 왕은 불과 5년 만에 완전히 다른 사람으로 변해 있었다. 원에서 만났을 때 가냘파 보였던 청년 기는 자취를 감추고 위엄 가득한 국왕이 거기 있었다. 호탕한 웃음소리로 두 팔을 활짝 벌려 보우를 맞이하는 사람은 기개가 넘치고 호방해 보이는 군주의 모습이었다. 본국으로

덕수궁 궁중박물관 소장 공민왕 부부 초상화

돌아와 자기 자리를 찾은 국왕은 앞날에 대한 포부와 자신감으로 열정이 솟구치고 있었다. 게다가 보우를 더욱 놀라게 한 것은 왕이 고려옷을 입고 고려말을 능숙하게 하는 것이었다. 또박또박 말하는 한 마디 한 마디에 힘이 있었다.

스물세 살의 국왕 옆에는 원에서 시집 온 왕비가 자리하고 있었다. 원에서는 노국대장 공주라 불렀으나 공민왕은 숙옹공주라는 존호를 새로 내리고 그녀를 위해 숙옹부라는 관부도 따로 설치해 주었다. 왕비 역시 고려 여인의 성장을 하고 복스러운 미소를 지으며 보우를 맞이하였다. 가는 눈썹 아래 별빛 같은 눈매며 발그스름한 볼에 고운 입술이 도톰하였다. 흰 살결은 흑단 같은 머릿결과 어울려 무척이나 아름다웠다. 둥글고 작은 어깨에서 흘러내리는 겹겹의 옷자락과 옷섶 사이로는 오색실로 갖가지 무늬를 짜 넣은 비단이 색색으로 살며시 비쳐 보였다. 연화 무늬로 끝단을 댄 소맷자락 끝으로 수줍게 나온 손가락은 그야말로 섬섬옥수였다. 이제 한창 고려말을 배우는지 느리고 더듬거렸지만 알아들을 만했다.
　고려인과 몽고인이 남자와 여자로 만나 부부가 되었는데도 이들은 마치 같은 부모에게서 태어난 남매처럼 닮아 보였다. 가늘고 긴 눈매와 끝이 둥그스름한 코는 아주 닮은꼴이었다. 얼굴이 닮은 부부는 금슬도 좋다는데 다행이다 싶었다. 이야기 중에 왕비가 잘 알아듣지 못하는 눈치면 왕은 왕비를 위해 자세히 일러 주며 웃음을 나누는데 짧은 순간에도 오가는 눈빛에 부부의 은애가 물씬 배어 나왔다.
　인사를 마치고 자리를 잡자 국왕은, "나를 위해 자비를 베풀어 법어의 은혜를 드리우소서" 하면서 설법을 청하였다. 잠시 생각에 잠겼던 보우는 이윽고 입을 열었다.

태고에게는 본래 한 법도 없는데 무슨 말을 하겠습니까마는 대왕께서 거듭 청하므로 대답하지 않을 수 없어 말 아닌 말로써 사룁니다.
마음자리를 가리켜 어떤 한 물건이 있다고 해 봅시다. 그것은 밝고 또렷하여 거짓도 없고 사사로움도 없으며, 고요해서 움직이지 않으나 영지(靈知)는 있습니다. 본래 생사도 없고 분별도 없으며, 이름이나 모양도 없고, 또한 말할 수도 없는 것입니다. (중략)
방편으로 그것을 일러 '마음'이라고도 하고, '도(道)', 혹은 '모든 법의 왕', 때로는 '부처'라고도 합니다. (중략)
전하께서도 자기 안에 있는 부처를 찾으십시오.
정치를 하다가 여가가 생기면 옥좌에 바로 앉아 조금도 선악을 구별하지 말고 몸과 마음을 모두 놓아 버리기를 마치 쇠나 나무로 만든 불상처럼 하십시오. 그리하면 일어났다 사라졌다 하는 망념이 다 없어지고, 없어졌다는 그 생각마저 없어질 것입니다. 어느덧 마음이 고요하고 움직이지 않게 되면 의지할 곳도 없어지고, 몸과 마음이 갑자기 텅 비어 허공처럼 될 것입니다. (중략)
이러한 경계가 나타날 때 생사를 의심하지 않고 불조의 말씀도 의심하지 않으면 곧 불조와 만나게 됩니다. 이것이 예부터 부처와 조사가 서로 전하는 묘한 이치이니 부디 명심해서 소홀히 여기지 마소서.
국사에 임해서 백성을 교화할 때에도 오직 이 도(道)로써 모든 근기를 널리 깨우치고 신하와 백성들에게 권하면 다함께 태평할 것입니다. 이러한 무상(無上)의 진리를 즐긴다면 부처와 하늘도 어찌 기꺼이 나라를 돕지 않겠습니까?

대왕과 공주께서는 다만 이생에서 뿐 아니라 여러 생을 거쳐오면서 부처나 조사, 성인을 만나 가장 높은 반야의 인연을 깊이 심었기에 이제 본원(本願)의 힘을 얻어 국왕과 공주가 되셨습니다. 마치 묵은 화로에서 불씨를 찾아내듯 지금 스스로 즐겨 진리를 물으시니 틀림없이 앞으로 큰 일을 성취할 것입니다. (후략) (《태고보우어록》)

극진한 마음으로 펴는 법음의 맑은 기운이 공민왕 부부에게 그대로 전해졌다. 왕은 그를 곁에 붙잡아 두고 싶었다. 젊은 왕의 강권에 못 이겨 보우는 궁궐 가까이 있는 경룡사(敬龍寺)에 잠시 머물기로 하였다. 공민왕은 또 미원장의 아전이 보우를 알아보고 공경했던 것을 기특하게 여겨 미원장을 미원현으로 승격시키고 관리들도 증원시켰다.

보우는 경룡사에 머물면서 공민왕과 자주 왕래하다 보니 산 속 은자로서의 생활이 중단되고 자연히 정치의 흐름 속으로 뛰어들게 되었다.

공민왕은 충숙왕과 명덕왕후 홍씨 사이에서 충혜왕의 아우로 태어났다. 성품이 엄정 중후해서 즉위 전, 소년 시절부터 주변의 기대를 모아 왔다. 그러나 어려서부터 줄

곧 원나라에서 생활했던 탓에 고려의 국왕이 되어 돌아와도 국내에는 자신을 보필해 줄 정치 기반이 절대적으로 부족하였다. 누대로 내려오는 권신들의 횡포를 누르고 왕권의 존엄을 지키기 위해서는 무엇보다 자기에게 지혜를 빌려 주고 창과 방패 역할을 해 줄 측근 세력을 결집하는 것이 급선무였다.

공민왕은 홍언박, 경천흥, 김원명과 같은 왕실의 외척들과 정세운, 유숙, 김득배 등 원에서 자기의 신변을 지켜 준 신하들을 중용했다. 그 가운데 특히 홍언박은 공민왕과 외사촌이 되는 최측근이었다. 이들은 친원파 권문세족의 횡포를 견제하고 왕권을 공고히 하는 역할을 담당했다. 그 밖에 성리학자로서 새로 관직에 들어선 이제현, 이색, 박상충 등은 국왕이 추진하는 개혁정치의 틀과 이념을 제공하였다.

한편 공민왕은 불교국가인 고려에서 불교계가 갖고 있는 위력을 간과하지 않았다. 당시 고려는 국가의 통치 체제와 불교의 교단 체계가 밀접히 연관되어 있어 불교는 출세간의 종교이면서도 철저히 국가 체제 속에 흡수되어 있었다. 승려들의 위계는 국가고시인 승과를 통해서만 공인되었고 고승들의 직책과 그가 주석하는 사찰은 왕명으로 결정되었다. 따라서 아무리 세간의 인연을 끊은 출가승이라 해도 불교가 국교인 이상 승려들은 직·간접으로 국가 권력의 영향을 받을 수밖에 없었다.

공민왕도 통치 차원에서 불교계를 대표하는 승려를 국사, 또는 왕사로 책봉하여 불교계의 구심점을 마련하고 국가 이념의 근거를 세울 필요를 느꼈다. 또한 국왕 개인적으로도 정치적 기반이 약하고 불안한 처지였기 때문에 정신적, 종교적인 귀의처가 될 만한 고승이 필요했다.

공민왕은 처음 고려에 도착했을 때 바로,

보잘것 없는 내가 왕위를 이었는데 하필이면 어려운 때를 만났으니 임금의 자리에 오를 자격이 없을까 두렵소. 장차 승려들 가운데 덕이 높은 분을 스승으로 모셔, 나의 정치를 보필하게 하고 조상의 교훈을 빛내고자 하니 누가 좋겠소?
(이달충, 〈각진국사비명〉, 《조선금석총람》 상)

하면서 정치적 경륜이 없고 나이가 젊은 자기를 보좌할 유덕한 고승을 천거하라고 명하였다. 이 때 대신들이 추천한 사람이 복구(復丘, 1270~1355)이다.

복구는 보우와 같은 조계종 출신 선승이지만 산문은 사굴산 계통이었다. 그는 주로 수선사(修禪社, 현재의 순천 송광사)나 백암산의 정토사(淨土寺), 오성의 불갑사(佛岬寺) 등지에 주석했는데 이미 충정왕 때 왕사로 책봉된(1350) 인물이었다. 그런데 충정왕이 폐위되자 모든 관리들이 그렇듯이 복구도 관례에 따라 일단 왕사직을 반납했고 공민왕이 즉위하면서 역시 관례에 따라 그를 다시 왕사로 책봉하였다.

본래 국사나 왕사는 예외적으로 국왕, 왕비, 세자, 세자빈처럼 왕실의 최고 지위를 공식화할 때만 거행하는 '책봉'이라는 절차를 밟아 그 지위에 오른다. 그럴 때면 왕실과 대신들이 예복을 갖추고 모두 참석해서 엄숙한 법도에 따라 책봉 의식을 거행한다. 그러나 복구는 당시 83세(1352)의 나이로 개경에서 멀리 떨어진 불갑사에 있었기 때문에 그를 직접 부르지 못하고 왕은 궁궐에 그의 초상화를 걸어 놓고 책봉 의식을 거행할 수밖에 없었다. 따라서 공민왕은 복구를 직접 대면해서 정치적 자문을 받거나 정신적 위안을 기대하기 어려웠으며, 복구 역시 그 전에도 그랬던 것처럼 정치 전면에 나서는 것을 일체 사양하고 세상과는 초연하게 일생을 산 속에서만 살려고 고집했다.

공민왕은 상징적으로만 존재하는 복구를 대신할 인물로 이제 50여 세를 지난 보우를 기억하고 개경으로 부른 것이다. 공민왕은 자기의 정치적 포부를 실현하는 과정에서 늘 보우를 불러 그와 직접 대면하며 그에게 국가 통치에 관한 자문을 구하는가 하면 개인적인 신앙의 인도를 받는 실질적인 사제 관계를 맺고자 하였다.

보우의 등장은 한국 불교사에서 또 하나의 의미를 갖는 큰 사건이다. 충렬왕 집권 전반까지만 해도 불교계를 대표하는 최고의 어른은 《삼국유사》를 저술한 보각국존 일연(普覺國尊 一然, 1206~1289)이었다. 일연은 조계종 가지산문 출신의 승려로 수십 년 간에 걸친 몽고와의 전란을 몸소 겪으면서 죄 없는 민초들이 피투성이가 된 채 죽어가고 아름다운 산야가 황량한 폐허로 변해 가는 것을 직접 목도하고 피눈물을 뿌리며 애통해하였다.

일연은 시대의 아픔을 민중들과 함께하면서 자기가 목격한 전쟁의 참화를 일일이 기록하고, 절망에 빠진 백성들이 다시 일어설 기반을 찾고자 단군왕검의 이야기를 채록하고, 민중들의 마음 속에 자리하고 있는 불교의 영험들을 기록하면서 평생을 바쳐《삼국유사》를 저술하였다. 그러면서 고려인의 자존을 지키고 고려 불교의 살아 있는 증인이 되었다.

그러나 일연이 입적하고 충렬왕 집권 후반기가 되면서 고려는 불교계마저 원나라의 간섭에서 벗어날 수 없게 되었다. 원나라는 글씨에 뛰어난 승려를 '금자경(金字經)'을 사경한다는 핑계로 자주 징발해 갔는데 어떤 때에는 한꺼번에 1백여 명을 데려간 적도 있었다. 또 사신을 보내 '팔만대장경'을 요구해와 고려는 막대한 종이를 조달하며 그들이 원하는 양만큼 대장경을 인쇄해 주어야 했다.

더욱 중요한 사실은 고려 불교계의 변질을 가져온 것이다. 원에서는 그들 황실에서 숭상하는 라마승들을 파견해 고려 궁궐에 재를 설치하라고 요구하는가 하면 고려 왕실 사람들 모두 라마교 의식에 따라 보살계를 받을 것을 강요하였다. 고려는 라마승들이 입국하면 왕실 이하 대신들이 직접 나서서 그들을 극진하게 대우하며 각종 법회를 설치하는 데 막대한 비용을 아끼지 않았다. 심지어 황실을 사칭한 가짜 라마승까지 입국해서 국왕과 왕비를 축수한다는 핑계로 칙사 대접을 받으며 며칠씩이나 만다라 도량을 베풀었다. 그러나 법회가 파하자 왕실에서 보내 온 각종 진귀한 보시들을 분배하느라 저희들끼리 싸우는 바람에 가짜인 것이 들통난 해괴한 사건까지 벌어졌다.

더 큰 문제는 라마승들이 주관하는 법회에는 말이나 닭, 양 등의 동물을 희생으로 바치고 승려들이 음주와 육식을 하는 것이었다. 살생을 금하는 것을 청정 계율의 제일로 여겨오는 고려 불교계에 있어 라마교의 이러한 습속은 경악할 만한 일이었다. 그렇지 않아도 국가가 위기에 처해 가치가 혼란하고 백성들의 풍속이 저속해지고 있던 차에 라마교의 유입은 고려 불교계 뿐 아니라 백성들의 예속에도 적잖은 악영향을 미쳤다.

불교계를 주도하는 세력도 조계선종이 아니라 유가업이나 천태종으로 대체되었으며 이들 종단들이 바로 라마교를 받아들이는 창구 역할을 했다. 유가업의 만안사나 천태종의 묘련사에 주석하고 있던 홍진국존 혜영(弘眞國尊 惠永, 1228~1294)과 원혜국존 경의(圓慧國尊 景宜, 생몰년 미상)는 고려 불교계를 대표하여 사경승들을 이끌고 원나라에 왕래하며 환대 받고, 이들 사원을 원나라 황실의 진전사원으로 삼아 그들을 위한 축성 도량을 끊임없이 베풀었다. 또한 이들 사원에는 양국의 불교계 현안들을 논의하기 위해 원나라 사신들이 자주 드나들었고 그들과 연줄을 맺어 보려는 권문세족들이 문전성시를 이루는 바람에 사원의 규모도 날로 번창해 갔다.

그러나 공민왕과 보우가 재회함으로써 원나라에 의해 변질돼가던 불교계는 모든 것을 일신하게 되었다. 공민왕의 반원적인 자주 정책은 불교계도 예외가 아니었다. 라마교와 관련된 불교 승려들의 왕래를 허락하지 않았으며, 라마교의 의식을 배제하고, 만안사나 묘련사에 대한 지원도 일체 중지하였다.

국왕은 보우를 옆에 모시면서 고려 불교계의 승풍을 그대로 간직하고 있던 조계종을 진작시키고 왕실의 모든 의식을 조계종 법식대로 따르게 하였다. 이로써 고려 불교계는 일연을 이어 다시금 조계종 가지산문을 중심으로 부흥하면서 자주 불교의 길을 걷게 되었다.

공민왕은 비록 원나라 공주와 결혼함으로써 즉위하는 데 성공했으나 자신은 원의 사위가 아니라 고려의 국왕이라는 사실을 뼛속 깊이 새기고 있었다. 중국에서는 마침 한족들이 부흥 운동을 일으키며 몽고족을 몰아내려는 기세가 더욱 격렬해지던 참이라 대제국 원나라도 점차 기운이 시들어가고 있었다. 공민왕은 바로 이러한 시기를 국운 회복의 절호의 기회로 이용하겠다고 결심하고 귀국한 것이다.

그 때까지 고려는 몽고와의 전쟁에 실패한 이래 거의 1백 년 가까운 세월을 그들의 간섭과 횡포에 시달리고 있었다. 국가의 명맥은 이어졌으나 자주적인 독립권은 무시당했으며 그 틈에 관리들은 고려 국왕을 무시하고 오히려 원나라 조정에 아부하여 권력 팽창에 열중하는 바람에 국정은 파행을 거듭하고 있었다.

공민왕은 이러한 폐단을 모조리 척결하려는 야심을 갖고 귀국하자마자 즉위 교서를 내려 자신의 정치적 포부를 밝혔다.

시세가 점점 쇠하고 풍속이 퇴폐해져 조정에는 요행으로 지위를 얻는 자가 많고, 창고에는 비축한 것이 없으며, 이웃의 왜적이 침입해 들어오는 등 천문에는 재변이 나타나고 있습니다.

앞으로 사욕을 억제하며 정신을 가다듬고, 날마다 더욱 삼가는 데 힘써서 사특함과 거짓을 개혁하며 간소한 소인배를 제거할 작정이오.

만약 지성으로 너그럽고 후한 정치를 행하지 않는다면, 어떻게 천자의 덕에 보답하며 종실의 업을 보존하고 태후의 마음을 위로하며 나라 원로들의 기대를 채울 수 있으리요? 무릇 관직에 있는 자들은 나의 잘못을 바로 잡으시오.(《고려사절요》)

공민왕의 이러한 의지는 즉시 실행에 옮겨졌다. 우선 스스로 몽고식의 의복과 머리 모양을 고쳐 고려 전통 법식으로 바로 잡으면서 신하들도 따르게 하였다. 즉위 다음 달에는(1352. 2) 문무 관리들의 인사권을 장악하여 권력을 남용해 오던 정방을 폐지하고 그 권한을 전리와 군부로 각각 이속시켰다. 그리고 민족의 자주성 회복을 위해 우리 상고사에서 현자로 추앙되던 기자의 사당을 수리하고 새로이 제사를 받들도록 조치하였다. 이어서 공민왕은 원에 의지해서 횡포를 부리던 부원배(附元輩)들을 척결하는 데 착수하였다.

그의 불 같은 개혁정치는 일시에 많은 파란을 낳았다. 밖으로는 원나라의 압력을, 안으로는 기존 권력가들의 거센 반발을 초래하였다. 그럴수록 공민왕은 개혁의 고삐를 더 죄면서 이럴 때 옆에서 그를 이끌어 주고 확신을 심어 줄 지혜로운 사람이 필요하다는 것을 절실히 느꼈다. 그럴 때마다 공민왕은 보우를 불러 마음 속을 토로하며 자문을 구했다. 하루 앞도 기약하지 못할 정도로 암투가 치열한 정치세계에서 공민왕은 매순간마다 결단을 내리면서 작게는 자기를 지키고, 크게는 나라를 바로잡는 데 온 힘을 기울였다. 이제 이십을 갓 넘긴 나이에 낯선 조국에 와서 국왕의 책무를 다한다는 것은 정말로 힘겹고 고독한 싸움이었다. 별빛조차 없는 캄캄한 바다에서 홀로 배를 저어 가는 형상이었다. 그럴 때마다 항상 생각나는 사람이 보우였다.

　보우가 공민왕과 밀접해진 것은 단지 국왕이 어릴 적 원나라에서 그의 설법을 듣고 감명 받았던 기억 때문만은 아니다. 그보다는 선승으로서 보우가 수행한 높은 덕업이 국왕이 성년이 된 다음에도 여전히 존경의 대상이 되었던 까닭이다. 더구나 보우는 연륜이 장년기에 달했고, 원나라에 체류했던 경험으로 현실을 파악하는 정치 감각을 구비하고 있었다. 또 귀국한 다음에는 채하중, 김문귀 등 친원파들과의 관계를 단절했던 것이 공민왕에게 깊은 인상을 주었다.

　《고려사》에 보면, 보우가 경룡사에 체류하고 있던 5월에 공민왕은 그를 입궐시켜 '치국의 도리'를 자문한 기록이 있다. 보우는 경룡사에서 왕을 자주 접하면서, "군왕께서 사특한 자를 제거하고 바른 이를 등용하시면 나라를 다스리는 데 어려울 것이 없을 것입니다." 하고 조언한 일이 있다. 그러자 공민왕은 "내가 사특함과 바른 것을 모르는 것은 아니지만, 그들이 원나라에서 나를 시종할 때 바친 정성을 생각하면 가볍게 제거할 수 없습니다. 이것이 과인이 어렵게 여기는 바입니다." 하며 자기의 속마음을 솔직히 고백했었다.

　그 당시 왕이 제거하기를 망설이던 인물은 대표적인 부원배로서 왕권에 도전하던 조일신(趙日新, ? ~1352)이다. 보우는 치국의 안정을 위해 조일신 같은 무리를 척결하라고 조언했던 것이다.

조일신은 공민왕이 말한 대로 원에서 공민왕의 시종을 맡았던 인물이다. 그로 인해 공민왕과 함께 귀국해서 1등 공신에 책록되었으나 이를 빌미로 권력을 남용하고 공민왕의 정방 폐지를 극력 반대하면서 개혁정치에 정면으로 반발했다.

《고려사절요》에 의하면 조일신은 공민왕을 배알한 자리에서 정방을 통해 권신들이 계속 인사권을 행사하도록 안간힘을 썼다.

전하께서 환국하실 때 원나라 조정의 권신들과 총신들 가운데 우리나라와 인척 관계가 있는 사람이 그들 친족에게 벼슬 줄 것을 이미 전하께 부탁드리고 신에게도 부탁하였습니다. 그런데 지금 전리·군부에게 인사권을 맡긴다면 그들이 법조문에 구애되어 인사를 지체시킬까 걱정입니다. 청컨대 정방을 회복하시어 안으로부터 벼슬이 제수되게 하소서.

공민왕이 이를 거절하자 조일신은, "신의 말을 따르지 않으신다면 무슨 면목으로 원나라 조정의 사대부들을 다시 볼 수 있겠습니까?" 하면서 원의 위력과 기득권층의 세력을 가지고 왕을 협박하고 나아가 자기의 뜻이 관철되지 않으면 사직하겠다고 위협하였다.

이러한 조일신의 행동이 개혁에 걸림돌이 되었지만 왕

은 그가 원에서 자기를 보필해 주었던 공을 생각해서 결단을 못 내리고 있었던 것이다. 그러나 공민왕은 보우의 자문을 받고 용기를 내서 국가라는 대의를 위해 그를 내쫓기로 결심하였다.

경룡사에서 여름을 지낸 보우는 조정에 한 차례 끔찍한 회오리가 불어닥칠 것을 예단하면서 소설암으로 돌아왔다. 세속의 정치 세계와 출세간의 세계가 엄연히 다르지만 국가가 평화롭지 못한 시절에 젊은 국왕의 번민을 뿌리칠 수만은 없었다. 중생이 없으면 부처도 필요 없다. 세상이 가끔 피비린내 나는 아수라의 지옥과 같을 때가 있어도 보우가 궁극적으로 돌아가야 할 곳은 중생들이 사는 세상이었다. 지금이 그런 시기일지 모른다는 생각을 하였다.

소설암으로 돌아오는 길에 보우는 귀국 당시 한 차례 갔었던 개경 근처의 보법사에 들르기로 하였다. 공민왕으로부터 이 곳에 새로 판전을 건축해서 대장경을 잘 비호하라는 명을 받았기 때문이다. 보법사에는 마침 그 때 원에서 백운이 와 있다는 소문도 있었던지라 보우는 한시가 급하게 그를 만나고 싶었다.

백운경한(白雲景閑, 1298~1374)은 보우와 같이 가지산문의 승려지만 서로 만난 것은 두어 번밖에 없었다. 그래도 소탈하고 도량이 넓은 백운을 보면 두 사람은 언제나 오랜 지기인 것처럼 화통하게 잘 어울렸다. 백운은 그 동안 구법을 위해 원으로 유학 갔다가 보우의 스승인 석옥을 만나 일취월장의 지혜를 보여 스승을 크게 놀라게 했으며 여러 사원을 유력하다가 그 해 봄에 귀국했다는 것이다. 스승께서는 전보다 많이 쇠약해져 기력이 떨어진 것 같다는 소식에 보우는 마음이 미어졌다. 하무산 천호암에서 스승을 좀더 오래 시봉하지 못했던 것이 못내 아쉬웠다. 그러나 백운의 법력에 스승이 매우 만족해했다는 반가운 소식도 있었다.

몇 년 사이 백운의 도력은 웬만한 이는 범접할 수 없는 경지에 도달해 있었다. 좀처럼 자기를 드러내지 않는데도 세상에 초연한 청정한 기품이 절로 느껴졌고 그의 법호처럼 흰 구름을 벗삼아 일정한 자취 없이 떠돌기를 좋아해 그림 속에만 잠시 등장하는 신선과도 같은 모습이었다. 그런 백운을 마주하고 있노라면 세상의 시끄러움은 다 날아가고 마음이 마냥 편안해졌다.

보우가 소설암으로 돌아간 뒤, 공민왕은 드디어 자기의 결심을 행동으로 옮겼다. 친원파 척결이라는 목표 달성을 위해 같은 친원파들끼리 격돌케 하는 이이제이(以夷制夷) 계략을 쓰기로 하였다. 그것은 조일신으로 하여금 더 막강한 세력을 휘두르는 기철(奇轍, ? ~1356) 일당을 치게 하는 것이었다. 같은 부원배지만 조일신과 기철의 사이가 몹시 적대적이라는 것을 간파한 공민왕의 계책이었다.

기철은 고려에서 바친 공녀 출신으로 마침내 원나라 순제의 황후가 되어 태자까지 생산한 기 황후의 오라버니였다. 이를 배경으로 기철을 비롯한 그들 일족은 고려 국왕 따위는 안중에도 없는 듯 거리낌없는 방자한 행동에다가, 백성들에게 횡포를 일삼으며 갖은 비행을 저지르고 있었다.

처음에 인사권 문제로 사직을 청하는 조일신에게 공민왕은 오히려 더 높은 관직을 주며 그를 달래려 하였다. 그러자 기철은 조일신을 한층 경계하면서 반목했는데 이러한 상황이 점점 더 악화되더니 상대적으로 세력이 약한 조일신이 먼저 행동에 나섬으로써 그 해 9월, 서로 정면 충돌하는 사태로 치닫게 되었다.

조일신이 자기의 도당을 모아 변란을 일으키면서 기철, 기륜, 기원, 고용보 등 기철 일당을 살해하려고 은밀하게 자객을 보냈는데 일이 잘못되어 기원만 죽이는 데 그쳤다. 사태가 이렇게 되자 수세에 몰린 조일신은 비상구를 찾기 위해 이번에는 국왕을 상대로 반역을 도모했다. 사병들을 전부 동원해서 왕궁을 포위한 다음 국왕의 근신들을 죽이고 스스로 우정승의 자리에 올랐다. 또 국왕을 위협하여 옥쇄를 강탈한 다음 자기에게 협력한 도당들에게 제멋대로 관직을 나눠주는가 하면 반대파는 무참하게 잡아 죽였다. 게다가 권력을 혼자 독점하고 싶어 드디어는 함께 반란에 가담했던 동료들까지 살해하는 만행을 저질렀다.

조용히 기회를 엿보던 공민왕은 조일신이 자기 일당까지 처단하면서 세력 기반이 흔들리게 되자 그 틈을 노려 왕의 수족과 같은 이인복, 김첨수 등 측근을 은밀히 불러 전격적으로 조일신을 체포하게 하였다. 이로써 조일신의 난은 깨끗이 평정되고 그를 중심으로 한 부원배 일당도 축출되어 공민왕의 반원적인 개혁정치도 본격적인 궤도에 오르게 되었다.

보우가 소설암으로 돌아간 뒤에도 공민왕은 보우를 잊지 못했다. 이따금 내관을 보내 정성들여 마련한 차나 의복, 음식 따위를 전하며 안부를 살폈다. 한 번은 모처럼 한가한 틈을 내 보우를 찾아 몸소 소설암까지 행차한 일도 있었다. 소설암 근처에는 현재 왕방리라는 고장이 있는데 마을 사람들은 공민왕이 방문했던 곳이라서 붙은 이름이라고 믿고 있다.

혈기 왕성한 젊은 왕과 원숙한 장년기에 접어든 승려, 보우와 국왕은 신분과 나이가 현격하게 달랐으나 그렇기에 그들은 더욱 친밀하고 허물 없이 서로의 심금을 털어놓을 수 있었다. 궁벽한 산골 소설암까지 국왕이 직접 찾아갈 만큼 보우는 국왕에게 아주 특별한 사람이었다. 국왕에게 있어 보우는 아버지처럼, 아니 그 이상으로 믿음직한 존재였다. 무슨 문제든 상의하면 해결의 실마리를 찾게 해 주는 지혜의 보고였으며, 힘들 때마다 의지하고 쉴 수 있는 집안의 튼튼한 대들보나 울타리와 같았다.

정치가 한가할 때 신심 깊은 공민왕은 특히 보우가 몸담고 있는 선문(禪門)에 관심을 보이면서 여러 가지 궁금증을 해소하였다. 보우는 아무쪼록 국왕이 어진 군주가 되어 지혜롭게 나라를 이끌도록 주로 마음을 다스리는 방법에 관해 이야기해 주었다. 국정을 살피는 중에 잠깐이라도 틈이 생기면 어떻게 마음을 닦아야 하는지 진지하고 소상하게 설명하였다.

또 동방에 처음으로 마음을 다스리는 선법을 가르쳐 준 달마대사의 정신과 행적에 관해서도 말해 주면서 그 내용을 언제나 다시 꺼내 볼 수 있도록 간단히 시로 읊어 적어 주었다. 이 때 지은 시가 〈달마대사〉와 〈갈대잎을 탄 달마대사〉 등이다. 이에 화답하여 국왕은 즉석에서 〈갈대잎을 탄 달마가 강을 건너는 그림〉이란 제목의 그림을 그려 보우에게 주었다.

왕은 학문에도 능했으며 무예에도 남다른 재주를 보였다. 천성적으로 뛰어난 감수성을 타고난 탓에 시나 그림, 음율을 즐기며 흥이 나면 직접 그림을 그리고 거문고를 탔다. 왕과 이야기를 나누다 보면 국왕의 영민하고 다정다감한 점에 놀라는 때가 한두 번이 아니었다. 그를 대하고 있으면 분출하는 젊음의 힘이 느껴졌다.

이듬해(1353) 제자 찬영이 선승들의 승과시험에 당당히 장원으로 합격해서 돌아왔다. 아끼는 제자가 자기 몫을 다하고 곁에 있으니 온갖 시름이 걷히고 마음이 든든하였다. 이제까지는 스승이 제자를 돌보아 왔는데 지금은 반대로 제자가 늙어가는 스승의 지팡이가 되려고 한다. 아직은 시중 받을 나이가 아니지만 보우의 마음 한켠이 푸근해지는 것은 벌써 늙었다는 징조일까?

보우의 나이 54세(1354, 공민왕 3) 되는 6월 초순이다. 하늘이 무너지는 소식이 왔다. 황해도 해주 안국사에서 백운이 시자를 통해 부쳐온 소식은 한동안 보우의 입을 다물지 못하게 했다.

스승 석옥이 입적했다는 것이다.

세수 81살의 천수를 누렸다고는 하지만 그래도 제자에게는 애통하기 이를 데 없었다. 실제 스승이 세상을 뜬 것은 작년 7월이었는데 그 동안 원나라 국내 사정이 극도로 혼란스러워 반란세력과 도적들로 길이 막히는 바람에 이제야 석옥의 제자들이 고려에 도착하여 백운을 찾아왔다는 것이다.

보우는 스승의 입적을 알리는 종을 치고 정갈하게 목욕한 다음 재를 올렸다. 등촉을 밝히고 향을 올리며 스승의 명복을 빌었다.

스승께서는 낡은 옷은 벗어 버리고 새 옷으로 갈아입듯 이 땅에 속히 돌아오셔서 우리들의 등불이 되소서.

노도처럼 몰아치는 정치개혁

해가 바뀌고 보우는 56세(1356, 공민왕 5)를 맞았다.

춘분이 다가오고 있었다. 두터운 누비옷이 무겁게 느껴지는 걸로 봐서 봄기운도 완연해졌다. 밭둑에는 달래와 쑥이 제법 너풀거리게 자랐다. 시자들은 무엇을 심으려는지 남새밭에 나가 흙을 고르고 있었다.

가래질하던 시자가 잰걸음으로 들어오더니 궁궐에서 손님이 왔다고 전한다. 방에 들어선 사람은 그 동안 낯이 익었던 내관이 아니라 문하평리 한가귀로 공민왕의 명을 받아 보우를 개경으로 모셔가려고 왔다는 것이다. 보우는 산승은 산에 살아야 한다면서 완강하게 사양하였다. 한가귀가 끝내 보우의 뜻을 굽히지 못하고 며칠 뒤 돌아갔는데, 그로부터 열흘쯤 뒤 이번에는 판전교 이정이 다시 와서 개경의 봉은사(奉恩寺)에 머물라고 하는 왕명을 전하면서 반드시 함께 가야 한다고 강권하였다. 더는 왕명을 거역할 수 없어 보우는 마지못해 그를 따라 개경으로 올라갔다.

국왕은 보우가 올라오자 즉시 궁궐 내전으로 맞이하고

여러 고승들을 함께 참석시켜 승려들에게 공양을 올리는 반승법회를 열며 대대적으로 환영하였다. 그리고 그 사격(寺格)이 국가 최고의 위치에 있던 봉은사에 보우가 머물러 주기를 간곡히 청하는 것이었다.

봉은사는 개경 태평동에 있었는데 고려시대에는 크게 번창한 사원이다. 특히 이 곳은 고려 태조가 원당으로 삼았던 곳이고, 태조가 승하한 뒤에는 태조의 진영(眞影)을 효사관(공민왕 22년 이후 경명전으로 개칭)에 모시고 진전(眞殿)사원으로 지정하여 국가적으로 매우 중요시 여기던 곳이다. 이런 연고로 국가에서는 크고 작은 일이 생길 때마다 국왕이 이 곳에 행차하여 기도를 올렸다. 또한 국가의 이름난 승려를 국사나 왕사로 책봉할 때에도 이 곳에서 의식을 거행하였다.

보우는 3월 6일을 기해 봉은사 방장으로 취임하는 진산법회를 겸하여 원나라 순제를 축원하는 축성도량(祝聖道場)을 함께 열기로 하였다. 국왕은 관청에 명을 내려 보우가 올라갈 사자좌를 장엄하게 치장하고 모든 준비에 소홀함이 없게 하라고 각별히 명령하였다.

마당과 법당 처마 끝에는 오색 종이를 접어 갖가지 주름을 넣고 교묘하게 가위질하여 정교한 무늬를 화려하게 장식한 종이 꽃타래가 지붕 천장에서부터 바닥으로 길게 드리워졌다. 또 마당 가운데 여기저기 높은 장대를 세워 비단천이 하늘을 가로지르며 겹겹이 휘날리게 하고 코끼리, 수박, 연꽃, 잉어, 수레 모양으로 만든 갖가지 등을 사방에 매달았다. 법당 안에는 탐스럽게 만들어진 함박꽃과 연꽃 따위의 지화를 가득 꽂은 항아리가 수미단 상단을 장식하고 국왕과 대신들의 염원을 적은 비단천이 천장을 가득 덮을 정도로 매달려 휘날리고 있었다.

법회가 열리는 날, 왕실 친족을 위시하여 국가의 원로 대신들과 선종, 교종을 망라한 대소 사원의 승려들이 모두 봉은사로 모여들었다. 공민왕도 모후인 문예태후 홍씨와 몽고인 왕비 등 일가 권속들을 대동하고 친히 참석하였다.

보우는 봉은사에 도착하자 곧 바로 법당으로 올라가 부처님께 참배한 다음 마당을 한 바퀴 돌며 태조전(효사관)과 방장실, 주지실을 차례로 들러 전각마다 그 앞에 서서 한 마디씩 법구를 설한 뒤 다시 법회가 열리는 법당으로 가서 법좌에 정좌하였다.

왕은 오색 실로 가득 수놓은 만수가사와 금실로 수놓은 좌복, 수정으로 만들어진 염주, 침향과 불자 등 온갖 불구 일습을 준비해서 보우에게 예물로 바쳤다. 법회 소식을 미리 전해 받은 원나라에서는 순제가 여러 빛깔로 짜여진 비단 가사 3백 벌을 보우에게 예물로 보냈다. 이어 왕비와 대비, 국가의 대신들이 차례대로 준비해 온 예물을 드렸다.

예물 봉헌의 순서를 마치고 모두 자리를 잡고 조용해

지자 문하시중 이제현이 국왕의 표문을 읽으며 법회의 개최를 선포하였다.

　보우는 천천히 몸을 일으키더니 먼저 공민왕이 내린 만수가사를 떨쳐 입은 다음, 원나라에서 보낸 3백 벌의 가사를 법회에 참석한 여러 승려들에게 골고루 나누어 주고는 불법에서는 시주를 한 사람이나 받는 사람이 모두 평등하다는 이치를 설하면서 모두가 부처님의 가피를 입도록 축원하였다.

　다음으로 불단 앞에 나가 향을 들어 한 줌씩 사르면서 원의 천자와 공민왕, 왕비, 태후를 위해 차례로 축수하고 마지막으로 다시 향을 사르며 법회에 참석한 대신들을 축원하였다.

　드디어 수미단 앞에 마련된 법상으로 올라가자 법회를 지휘하는 행수스님이 백퇴를 쳐서 곧 설법이 시작됨을 알렸다. 잠시 동안의 묵정이 흐르고 이윽고 사자좌에 오른 보우의 사자후가 장엄하게 울려 나왔다.

　향상(向上)의 길은 모든 성인도 전하지 못한 것이니 말해 보시오.
　전하지 못한 그것이 무엇인가?
　여기서 털끝만큼이라도 어긋나면 만 리나 어긋나게 될 것이오. 질문하는 이에게도 몽둥이 30대를 때릴 것이며 질문하지 못하는 이에게도 몽둥이 30대를 때리겠소.

석가 늙은이도 '모든 부처의 보리(菩提)는 일체의 언어와 문자를 떠났다'고 하셨는데, 하물며 우리 최상의 종승(宗乘)을 어찌 언설로 작용하겠소? 작용이란 정신을 희롱하는 것이고, 언설이란 찌꺼기에 지나지 않는 거요. 만일 진정으로 법을 거량하려면 삼세(三世)의 부처님도 입을 벽에 걸어 두어야 할 것이며, 역대 조사님들도 숲 속에 몸을 숨겨야 할 것이오.(중략)

나는 이제까지 한 마디도 말하지 않았으며, 대왕께서도 한 마디도 듣지 않으셨습니다. 그렇다면 이것을 양나라 무제가 달마조사와 문답한 것과 같다고 하겠습니까, 다르다고 하겠습니까?

만일 이것을 가려내는 이가 있다면 '지혜의 눈'이라고 인정하겠으나, 가려내지 못한다면 이 한 곡조를 들어보시오.

태고의 노래는 참으로 친절하지
애달파라, 꽃잎 지는 늦은 봄에
그대에게 한 잔 술을 다시 권하노니
서쪽 양관(陽關)을 나서면 친구가 없으리라.
太古音最親切　　　可憐時節落花春
勸君更盡一盃酒　　出西陽關無故人 (《태고보우어록》)

설법이 끝나자 거문고와 비파, 대금과 나발 같은 악기들이 일제히 음률을 연주하고 거기에 맞춰 여러 명의 승려들이 입을 모아 범패를 노래하였다. 유장하고 그윽하게 울려 퍼지는 범패는 우주 만물에 생명을 불어넣는 소리이며, 삼라만상을 정화하는 영혼의 메아리였다. 한쪽에서는 오방색의 어깨띠를 두르고 고깔을 쓴 승려들이 바라를 번쩍이며 날개짓 하는 나비춤을 한바탕 베풀었다.

사실 이 날 개설된 봉은사 법회는 공민왕의 정치 개혁과 맥락을 같이하면서 주도면밀하게 준비된 것이었다. 특히 보우는 석옥으로부터 인가 받음으로써 원나라에서 순제를 비롯한 황실의 지극한 존경을 받은 인물이었다. 공민왕은 보우의 이러한 외형적인 경력을 놓치지 않고 이용해서 그를 봉은사 주지로 모시는 진산법회를 여는 것과 동시에 원나라 황제의 장수를 기원하는 축성도량을 개설한다면서 이 사실을 미리 원나라에 알렸다. 이는 공민왕의 우선 과제인 반원 정책을 시행하기에 앞서 표면상 원나라에 대해 우호적이라는 것을 의도적으로 과시해서 일단 그들을 안심시키려는 위장술이었다.

봉은사 법회가 갖는 실제의 목적은 다른 데 있었다. 그것은 공민왕이 추진하는 개혁정치의 초점인 국가와 민족의 자주성 회복을 태조전에 나가 기원하기 위한 것이었다. 앞으로 원나라와 전쟁을 벌여 국토를 회복하고, 원나라의 정치 간섭을 배제하며, 부원배들을 척결하여 고려의 국권과 왕권의 존엄성을 되찾으려는 간절한 염원이 실린 국가적 차원의 성대한 법회를 마련한 것이었다.

봉은사는 태조의 진영이 봉안된 진전사원(眞殿寺院)이

다. 법회를 시작하기 전 보우는 태조전에 참배하며 말했다.

"당신은 삼한을 통일한 태조시며 나는 만법을 밝힌 왕입니다. 옛날 서로 만나 의논했던 일을 이제 다시 모였으니 은근하게 상량해 봅시다."

보우는 태조의 많고 많은 업적 가운데 삼국 통일의 위업을 상기하면서, 이제는 자기와 함께 옛날의 그 일을 다시 의논해 보자고 했다. 이 의논은 곧 원나라를 공격하는 군사 작전을 의미하는 것으로 앞으로 전개될 전쟁에 태조의 혼백이 감응하여 보살펴 주기를 기원한 것이다. 이어서 향을 사르며 올린 축원의 내용도 고려의 군신이 일치 단결해서 모든 정책이 원만히 성취되기를 발원하는 것이었다.

봉은사 법회 이후 공민왕과 보우의 왕래는 더욱 잦았다. 보우와 왕은 머리를 맞대고 앉아 모든 계획이 한 치 오류 없이 진행될 수 있도록 주도면밀하게 숙고하며 검토하였다. 또한 왕은 자신의 계획이 차질 없이 무사히 달성되기를 비는 마음에서 대장경을 모두 금으로 베껴 쓰는 엄청난 불사를 일으키고 이 역시 보우에게 부탁하였다. 보우는 원나라에서 귀국할 때 가져온 대장경을 개경 인근의 보법사에 봉안한 적이 있었던지라 대장경 금자 사경불사를 주관하기 위해 곧 보법사로 달려 갔다.

예로부터 경전을 베껴 쓰는 사경은 무한한 공덕이 따른다 하여 여기에 동참하는 사람들은 심신을 정갈히 하고 갖은 정성을 다하는 중요한 불사 가운데 하나다. 공민왕도 누구보다 간절한 원력을 품고 사경을 명하였다. 수십 명의 승려들이 승당에 정연하게 앉아 글자 하나마다 삼 배를 올리며 국왕의 소망을 함께 기원하였다. 쪽물을 들인 감색 종이에 금분을 풀어 세필로 가지런하게 한 자씩 정성껏 쓰는 사경불사는 오랜 세월을 두고 막대한 경비와 지극한 정성을 쏟아 붓는 대불사였다.

금자 대장경 조성이 어느 정도 궤도에 오르자 보우는 번거로운 세상사에서 벗어나고자 여러 차례 국왕에게 글을 올려 소설암으로 돌아가겠다고 고집하였다. 그러나 왕은 그 때마다 극언까지 하며 막무가내로 보우를 붙잡았다.

"나는 일찍부터 화상의 도풍을 사모하여 왔소. 스승께서는 내 뜻을 저버리지 말아 주오. 스승이 이 곳에 머물지 않는다면 나는 불도를 등질지도 모르오."

그러던 중 하루는 난데없이 고위직에 있는 관리들이 내관을 대동하고 여러 가지 깃발을 드날리며 거창한 행렬을 이루고 봉은사로 오더니 보우를 왕사로 모신다는 국왕의 명을 전하였다. 그 때까지 왕사였던 복구가 1년 전 입적해서 왕사의 자리가 공석으로 있었는데, 공민왕은 복구에 대한 애도 기간이 끝나는 것을 기다려 보우를 즉시 그 자리에 책봉하면서 특별히 궁궐로 모셔 와 의식을 거행하라고 분부한 것이다.

　1356년(공민왕 5) 4월 24일. 연경궁에서는 보우를 왕사로 맞는 책봉 의식이 화려하게 거행되었다.

　이 날만은 국왕도 옥좌를 보우에게 양보하고 신료들과 함께 단 아래 서서 제자의 도리를 다했다. 의식의 절정은 왕이 보우를 스승으로 모시겠다는 약속으로 구의지례(摳衣之禮)를 표하는 것이다. 국왕이 대전 마루 한가운데에서 조심스럽게 옷자락을 들어올리며 보우를 향해 네 번 절을 올리고 그럴 때마다 모든 백관들도 왕을 따라 함께 절을 하였다.

　갑자기 오랫동안 가물었던 대지에 비가 내리기 시작하였다. 비는 농부들의 주름진 얼굴이 활짝 펴질 만큼 흡족하게 내렸다. 주룩주룩 내리는 빗소리가 마치 천상에서 울려 퍼지는 음악 소리 같았다. 사람들이 모두 반가워하고 기뻐하는데 국왕도 몸소 밖으로 나오더니 이는 '왕사의 비'라며 함께 즐거워하였다. 모두들 합당한 인물이 왕사로 책봉된 까닭이라고 경하하는가 하면 한림원 학자들은 너나없이 보우에게 축하하는 시를 지어 올렸다.

　공민왕은 왕사가 된 보우에 대한 예우로 보우의 모친 정씨를 여염의 여인으로서 받을 수 있는 최고의 지위인 삼한국대부인으로 제수하고, 보우의 관향 홍주를 승격시켜 목(牧)으로 삼게 하였다. 보우에 대한 배려는 이것으로 그치지 않았다.

며칠 뒤 왕은 보우를 위해 특별히 광명사(廣明寺)에 원융부(圓融府)라는 관청을 설치하였다. 원융부가 설치된 광명사는 개경 만월동 궁궐 가까이 있던 사찰인데 고려 태조가 자신의 옛집을 헐어 사원으로 조성한 곳이다. 특히 이 곳은 승려들을 위한 승과고시가 실시되는 중요한 사원이라 공민왕도 자주 행차하는 곳이었다. 이로써 보우는 봉은사에 주지로 머물면서 광명사의 원융부를 오가며 국가 전체의 모든 승정을 책임지게 되었다.

원융부에는 정3품의 장관과 여러 관속을 배속시켜 보우를 돕게 하고 보우가 사용하는 일체 용구는 왕과 다름없이 금과 옥으로 장만하였다. 원융부는 왕사 보우를 보좌하는 기구로서 선종이나 교종 사원을 망라하여 모든 사원의 주지 임명권을 관장하고 계율을 어지럽히거나 승가의 불미한 사안을 발생시킨 승려들을 견책하는 권한을 가졌다. 그뿐 아니라 승려들에게 승과를 실시하여 당락을 좌우하고 그에 상응하는 승계(僧階)와 승직(僧職)을 인준했다. 또 대내외적인 국가 차원의 불교 행사 일체를 주관하는 등 그야말로 불교계 전체를 총괄하는 막강한 권한을 행사하는 곳이었다.

보우같이 특정한 인물이 국왕의 특별한 외호를 받으면서 승정에 관한 전권을 행사한 것은 충숙왕 때 국존에 책봉되었던 유가종 승려 자정국존 미수(慈靜國尊 彌授, 1240~

1327)에게 참회부(懺悔府)라는 관부를 설치해 주고 오교양종(五敎兩宗)의 일체 승정을 총괄하는 권한을 준 예가 있었다. 과거에는 불교 교단 자체가 세상 명리를 초월한 출가승들의 집단이었던 만큼 국가에서 책봉한 국사나 왕사는 실제적인 의무나 권력 없이 국가 최고의 정신적 지도자라는 상징적인 지위밖에는 없었다. 그러나 참회부나 원융부 같은 관부가 설치됨으로써 개별적인 종단이나 산문을 중심으로 한 산중회의를 통해 독자적으로 이루어지던 일체의 행정적인 조치가 국왕의 신임을 받는 특정 개인에게 집중된 것이다.

왕사에 책봉된 다음 달인 5월에는 국왕이 태후와 왕비를 모시고 봉은사로 행차하여 보우에게 설법을 들었다. 또 며칠 뒤, 생일을 맞이한 왕은 보우를 내전으로 초빙하여 승려 108명과 함께 공양의식을 베풀었다. 다시 20일 뒤에는 강안전 및 여러 사원에서 전쟁의 승리를 기원하는 진병도량을 동시에 설치했는데 이 역시 보우가 주관하였다.

이처럼 왕이 극진하게 보우를 받들고 빈번하게 그를 만난 것은 당시 정치적 현안들을 성공적으로 타개하기 위해서는 보우의 자문이 꼭 필요했기 때문이다. 보우는 과거의 국사나 왕사들 대부분처럼 상징적인 지위에만 머물지 않고 직접 승정을 장악하고 나아가 국왕과 자주 대면하면서 국정에 관해서도 깊이 논의하였다. 그 때마다 적절한 조언을 하면서 명실상부하게 국왕의 사부가 되어 그 역할을 다했다.

어느 날 공민왕은 '치국의 도리'에 관한 가르침을 청했다.

세속의 이치가 법왕의 거울을 더럽힐까 두렵습니다. 그러나 사람의 근기에 따라 친절하게 응대하는 것이 또한 성자가 할 일이 아니겠습니까? 여쭈어 보건대, 나라를 다스리는 데는 어떻게 하는 것이 옳겠습니까?

보우는 먼저 왕에게 인자한 마음은 만 가지 덕화의 근본임을 역설하고 항시 인자한 마음을 근본으로 삼아 정치에 임하라고 당부하였다. 아울러 당시 불교계의 폐단을 논하면서 이의 시정방안도 건의하였다. 그런 다음 개경의 지세는 이제 왕기가 쇠락해 버려 처음의 전성기를 회복하기 어려우므로 한양으로 천도하는 것이 바람직하다고 진언하였다.

이러한 국왕과 보우의 동정에 민감하게 반응하면서 가장 불안하게 여긴 사람은 기철 일당이었다. 조일신의 난 때 화를 입기는 했으나 아직도 막강한 권력을 휘두르고 있던 그는 자기 일문에 불어닥칠 숙청과 몰락을 예견하면서 이를 피하기 위해 도리어 공민왕을 제거하려는 역모를 꾸미고 있었다. 다행히 기철의 반란 음모를 미리 눈치 챈 공민왕은 조일신 사건 때와 마찬가지로 보우의 지혜를 빌려 이 난관을 돌파하고자 했던 것이다.

당시 보우와 왕 사이에 오간 대화 내용들은 그 후 하나씩 차례대로 실행에 옮겨져 단호하게 처리되었다. 이른바 공민왕 5년(1356)의 획기적인 개혁정치가 5월부터 강력하게 추진된 것이다.

5월에 공민왕은 자기의 외척 홍언박을 비롯한 측근과 비밀히 의논하여 그 때까지 끈질기게 버텨 오던 부원 세력들 기철, 권렴 일당을 모두 잡아 주살해 버렸다. 감히 원나라 황후의 오라버니를 단 칼에 베어 버린 것이다. 그리고 그 날로 정동행성 이문소를 폐지했는데 이 곳은 원나라에서 파견한 관리들이 상주하면서 고려의 정세를 염탐하고 내정 간섭을 하던 관청이었다.

이어서 원에서 강탈해 간 고려 국토를 되찾기 위해 서북 지방의 원나라 군사 기지를 공격하였다. 격렬한 전투 끝에 압록강 중류에 있는 8개 병참기지를 격파하고, 6월에는 3개의 기지를 더 확보하였다.

왕은 또 원이 국토를 강탈한 다음 쌍성총관부라는 관청을 설치해서 점령하고 있던 동북 지역을 회복하기 위해서도 역시 군사작전을 감행하였다. 이것은 단순히 영토 수복이라는 목적만이 아니라 고려인의 자존심을 회복하려는 공민왕의 일대 과업이었다.

우선 지금의 함경도 지역인 동북면에서 천호(千戶)의 세력가로 명망을 떨치고 있던 이성계의 부친 이자춘을 불러 그 지역의 백성들을 위무해서 동요하지 않도록 조치했다. 또 전국에 명을 내려 한 차례 치열한 전쟁이 일어날 것을 예고하면서 대대적으로 군사를 징발하고, 7월에는 충용군이라는 부대를 4대나 새로 더 편성하였다. 그리고 그 때까지 사용해 오던 원나라의 연호를 폐지함으로써 고려가 자주 독립국이라는 것을 내외에 천명하였다. 여기에 따른 후속 조치로 관청의 직제를 모두 고려 법식대로 환원하였다.

만반의 태세를 갖추고 국왕의 명을 기다려 온 동북면 병마사 유인우는 고려의 군사들을 이끌고 노도와 같이 쌍성총관부를 공략해 들어갔다. 공민왕과 유인우의 치밀한 작전은 깨끗이 성공하여 99년 동안 원에게 함몰당했던 동북 지방을 마침내 수복하였다. 8월에는 여전히 잔존해 있던 마지막 부원세력인 채하중과 그 무리들을 모조리 제거하였다.

공민왕은 이러한 모든 일들을 불과 서너 달 사이에 숨돌릴 여유도 없이 일사불란하게 척결하였다. 젊은 왕은 잠을 못 자 핏발 선 눈으로 며칠씩 편전을 떠나지 않고 여러 관청의 관리들을 끊임없이 번갈아 불러들이며 꼼꼼히 일을 챙기고 확인했다. 숨막히는 나날이었다. 결국 일단의 계획이 모두 성공하자 왕은 몰수해 두었던 기철의 재산을 풀어 개혁에 참가했던 사람들에게 골고루 나눠주며 그간의 노고를 치하하는 잔치를 베풀었다.

한편 보우가 왕에게 건의한 것 가운데 천도에 관한 문제가 있었다. 보우는 국가의 운세가 좋지 않고 여러 가지 병폐가 노출되는 것은 건국한 지 4백 년이 지나면서 개경의 왕기가 점점 쇠락해졌기 때문이라고 진단했다. 국운의 회복을 위해서는 빠른 시일 안에 한양으로 천도해야 한다고 강력하게 건의했다.

왕은 보우의 말에 일리가 있다고 여기면서 기회를 보다가 개혁의 뒷수습이 어느 정도 마무리된 이듬해(1357) 정월에서야 겨우 천도 문제를 재론하게 하였다. 신년을 맞은 왕은 국가 중대사를 앞두고 으레 행차하는 봉은사로 거둥하였다. 왕은 이제현과 함께 보우가 있는 봉은사로 가서 태조 진영이 모셔진 영당에 들어가 한양 천도에 관한 길흉을 점을 쳐서 예단하고자 했다.

태조전에서 향을 사르며 점을 치는데 이제현이 마침 '동(動)'자의 괘를 얻자 왕은 점괘에 매우 만족해하면서 다음 날 당장 이제현을 한양으로 보내 궁궐이 들어설 터를 고르게 하였다. 그리고 각 관청에 명을 내려 도시의 건설과 대궐의 신축 등 천도에 필요한 계획을 구체화시켰다. 아울러 천도를 건의한 보우를 궁궐로 초빙해서 황금 50량과 금실로 수놓은 비단 1필을 바치며 감사를 표했다.

그러나 천도 계획은 수백 년 개경에 근거하고 있는 귀족들의 들끓는 반대에 부딪히고 말았다. 그 중에도 충숙왕의 유촉을 받고 공민왕의 즉위를 위해 가장 헌신했던 윤택(尹澤, 1289~1370)의 반대는 한층 극렬했다. 한양 천도로 말미암아 개경의 세력 기반을 자칫 잃을까봐 두려워하는 대신들의 이해 관계로 말미암아 결국 국왕의 천도 계획은 중지될 수밖에 없었다.

이럴 즈음, 고려에는 또 다른 전운이 감돌고 있었다. 앞서 공민왕의 국토 수복 작전으로 원나라는 고려에서 빼앗은 영토 대부분을 상실했다. 그러자 원나라에서는 사신을 보내 고려를 강력하게 힐책하면서 80만 대군을 파견하여 고려를 초토화하겠다고 위협하였다.

고려는 사신을 보내 영토 수복의 당위성을 납득시키는가 하면 그들을 달래며 분노를 무마시키는 한편 만일의 경우에 대비해서 서둘러 원에 맞서기 위한 전쟁 준비에 착수하였다. 일반 양인을 비롯하여 과거에는 징병에서 제외되었던 화척이나 재인 같은 천민들까지 동원해서 서북지방의 수졸로 보충하고 그 밖에 성곽을 수리하는 등 경계를 강화했다. 국왕은 지휘관들을 독려하고 군사 훈련장에 몸소 행차해서 병사들의 사기를 북돋아 주었다.

또한 앞으로 닥칠지도 모를 전쟁에서 반드시 승전할 것을 기원하는 법회를 전국 사원에서 열어 장병들에게는 승리를 확신시켰다. 정월 대보름에는 보우에게 궁궐에서 승전을 축원하는 진병도량(鎭兵道場)을 개설해 달라고 부탁했다. 보우는 국가가 위기를 당하자 또다시 몸을 일으켰다. 보우는 전쟁을 목전에 두고 병사들과 국가를 위해서라면 자기의 모든 것을 바칠 것을 다짐하였다. 국왕을 위시하여 대신과 장군들이 모두 참석한 가운데 법회는 엄숙하게 진행되었다.

이 때 보우가 설법한 내용 가운데 마지막 부분만 옮겨 보자.

산을 뽑을 힘과 세상을 덮을 기개를 가진 자는 서슴지 말고 나와서 태고와 겨루어 보자. 나라를 위해 몸 바쳐 큰 공을 세운다면 어찌 제후에 봉해지는 것뿐이겠는가? 만일 그럴 사람이 없다면 이 늙은 태고가 한 필 말과 한 자루 창을 쥐고 몸소 적을 치러 변방으로 달려나가겠노라.

자 말해 보라.

전쟁에 나간다면 어떻게 큰 공을 세우겠는가?

정의로운 명을 받들어 천하를 태평케 하고, 막야검 비껴 들고 미련한 무리들을 쳐 없애자! (《태고보우어록》)

법회를 마친 보우는 국왕을 따로 만나 국난을 슬기롭게 극복하는 데 도움이 될 만한 인재들을 천거하였다. 자기가 평소 봐오던 젊은이 가운데 아직 향리에 머물고 있지만 학문과 도덕이 출중한 데다 시대를 염려하고 나라를 걱정하는 뜻은 누구에게도 뒤지지 않는 인물들을 자신 있게 추천하였다. 국가를 위한 일이라면 과거시험이라는 틀에서 벗어나 지방에 있는 한사들도 과감하게 등용해서 비상 시국을 타개하려는 방편이었다.

한편 보우는 국왕의 개혁정치와 궤를 같이하면서 불교계를 바로잡는 일에도 적극 나섰다. 왕사의 직무 수행을 위해 마련된 불교행정기관 원융부를 통해 그 동안 나름대로 생각해 오던 불교계의 병폐를 시정하려는 것이었다.

보우는 일단 왕사의 직책을 맡은 이상 이름에 걸맞은 책임을 지고 국가와 불교계를 위해 신명을 바치는 명실상부한 왕사가 되려고 했다. 불교계에 걸림돌이 되고 있는 내부적 모순들을 제거하고 청량한 승풍을 진작시켜 한동안 침체되었던 불교계를 다시 활기찬 모습으로 일으켜 세우고 싶었다.

왕사로 책봉 받을 당시 국왕께 '치국의 도리'에 관해 건의했을 때 보우는 평소부터 생각해 오던 불교계의 개선책도 함께 밝혔었다. 그 가운데 9산으로 나뉘어 있는 선종의 산문들을 하나로 통합하자는 의견이 있었다. 달마의 선법은 본래 하나인데 신라 승려들이 중국에서 선사상을 배워 오면서 각각 산문을 열어 소위 선종의 9산 산문이 세워졌다는 것이다. 그리고 이 9산 중에는 고려시대를 거치면서 산문의 법맥이 올곧게 계승된 곳도 있지만 더러는 이렇다 할 고승이 배출되지 않아 중간에 전법이 끊어져 산문의 존재마저 분명치 못한 곳도 있었다. 또 가지산문이나 사굴산문 같은 몇몇 산문이 명맥을 유지하고 있다 해도 그들 간에 굳이 산문을 구분할 만큼 선풍이 뚜렷한 특색을 띠는 것도 아니었다. 9산의 산문은 다만 스승에서 제자로 이어지는 문중이 다르다는 것말고는 별다를 게 없는데도 선승들은 각기 자기 산문만 자랑하며 무조건 상대방을 폄하하려는 경향마저 낳고 있었다.

보우는 바로 이 점이 안타까웠다. 부처님 법은 하나인데 이처럼 산문이 여러 개로 나뉘다 보니 선승들은 각자의 산문을 배경으로 시비와 우열을 가리느라 종단의 화합에 걸림돌이 되었다. 이러한 병폐를 없애려면 9산의 산문을 모두 통합해야 한다고 생각하였다. 그러면 선승들은 서로 산문이나 문중을 따지지 않고 아무나 전국의 눈밝은 선지식을 자유로이 참예할 수 있어 선풍이 크게 진작되고 발전하리라는 생각이었다.

보우의 이러한 생각은 광명사에 원융부를 설치하면서 구체화되었다. 보우는 원융부를 통해 선종은 물론 교종까지 크고 작은 모든 사원에 대한 주지 임명권을 장악하여 승려들을 소속 사원이나 종파와 관계 없이 발령하였다. 또 승과를 직접 지휘, 감독해서 응시자의 출신 배경을 무시하고 순수하게 당사자의 법력에 따라 승계를 높여 주었다. 또한 승려들이 계율에 맞는 올바른 품행을 하고 있는지도 살펴 상벌로 엄격히 다스렸다.

보우는 비단 불교계의 개혁뿐 아니라 불법을 널리 선양하는 일에도 깊은 관심을 보였다. 그것은 대체로 교종의 중요한 경전들을 다시 간행해서 홍포하는 일이었다. 본래 부처님의 말씀은 교(敎)요, 그 마음은 선(禪)이라고

하여 교와 선은 둘이 아니라 하나라고 하였다. 궁극적으로는 아무리 선승이라 해도 경전을 전혀 몰라서는 안 되고, 또한 경전에만 몰두하는 교학승이라 해서 선승들의 선지에 문외한이어서는 안 된다. 경전의 간행은 모든 승려들에게 요긴했으며 재가 신자들에게도 삶의 지침서로 매우 필요한 것이었다. 보우 자신도 일찍이 경전을 두루 익혔으며 특히 화엄경 시험에 응시하여 합격한 일도 있었다.

아울러 보우는 승려들의 절도 있는 생활과 투철한 계율의 실천을 위해 《백장청규(百丈淸規)》와 같은 책들도 간행하였다. 이 책은 사원에서 승려들이 일상적으로 지켜야 할 계율과 법도에 관해 쓰여진 것이다.

또 지극히 일부지만 승려들이 사원에서 남는 양식을 가지고 가난한 백성들을 상대로 고리대금을 하거나 사원에서 금하는 술을 빚어 팔면서 영리 사업에 열중하는가 하면 심지어 첩을 거느리는 등 승려들의 부패와 타락이 점점 노골화되고 있었다. 때로는 승려들이 출가라는 본연의 정신을 잊고 엉뚱하게 세상의 부귀와 권력을 좇아 헤매는 경우도 더러 있었다. 그러한 불교계의 치부를 과감하게 도려내고 세속인과는 엄연히 구별되는 청빈하고 청정한 승풍을 바로 세우고자 하였다. 보우는 왕사의 권위로 원융부를 동원해서 승려들의 잘잘못을 엄정하게 집행하였다.

계율의 실천과 더불어 승려의 울력을 강조해서 절 살림의 자활도 함께 이루고자 했다. 이 역시 승려들이 단월들의 보시에만 의존한 나머지 게을러지거나 재물의 탐욕에 빠지는 것을 경계하기 위함이었다. 울력을 통해 스스로 밭을 갈고 땔감을 준비하다 보면 나태에 빠지는 것을 막고 사원의 살림도 자립할 수 있어 신자들에게 항상 떳떳할 수 있다. 또한 땀 흘리는 노동을 통해 민중들의 고단한 삶을 이해하는 하심을 키우고 부처님 가르침의 핵심인 평등을 몸소 실천할 수 있는 것이다.

이처럼 보우와 국왕은 서로 밀고 당기면서 노도처럼 몰아치는 일대 개혁을 단행하였다. 국왕은 정치 개혁을, 보우는 불교계 개혁을 이끌어 가면서 그들은 서로에게 용기를 주고 힘이 되었으며 지혜를 보태 주었다. 그 결과 조정에는 활기가 넘쳐나고 백성들의 마음도 차츰 안정을 찾으며 앞날에 대한 희망을 갖게 되었다.

전쟁으로 뒤끓는 세상

보우의 나이 57세(1357, 공민왕 6)되던 2월.

보우는 밤바람을 쐴 겸 봉은사 뜰을 거닐고 있었다. 달 없는 밤하늘은 별빛이 한층 찬란했지만 근자에 원나라에서 일고 있는 내란의 여파가 고려까지 미쳐서 전란을 피해 국경선을 넘어 고려로 망명해 오는 무리들이 점점 늘고 있다는 뒤숭숭한 소문이 들리던 터라 내심 근심하고 있었다. 무심코 별을 바라보다가 문득 객성이 자미원에 들어가 있는 것이 보였다. 고려의 별자리인 자미원 안에, 북두칠성의 국자 주변에 전에 보지 못하던 별이 있었다. 이는 국가에 전란과 같은 큰 변고가 있을 조짐이다.

방으로 돌아온 보우는 장차 있을지도 모를 변란의 징조가 보인다는 것을 왕에게 알리기로 하였다. 전란에 대비하여 서북 지역에 성곽을 수축하는 것이 좋겠다는 진언을 하고, 더불어 왕사직을 사퇴하고 소설암으로 물러나려 하니 허락해 달라는 내용의 글을 썼다. 원융부의 일도 어느 정도 궤도에 오르고 도회지의 북적거림에다가 권력을 둘러 싼 암투가 끊임없이 소용돌이치는 개경 생활에

염증을 느끼고 있던 참이었다. 혼자 한가로이 소요하면서 지낼 수 있는 산중 생활이 그리웠다. 공민왕이 완강히 만류해도 보우는 재삼 재사 왕사 사퇴와 귀산의 허락을 구하다가 결국 국왕의 승낙도 얻지 못한 채 마침내 소설암으로 돌아갔다.

　무엇을 위해 출가했던가
　세상 인연 길이 끊으리
　내 이제 왕사를 사직하니
　묻노라, 어디로 가려는가?

　나는 본래 산중 사람이니
　마땅히 산중에 살리라
　푸른 산이 좋아 가는 게 아니요
　홍진이 싫어 달아남도 아니라오
　다만 내 심성에 맞게
　덕 닦아 임금께 보답코저 함이라.

　세상의 영화도 욕됨도
　다시 보면 한 줌 물거품이라
　내 만일 거기 오래 머물면
　이름을 더럽히고 말리라
　옳고 그름 모두 잊고
　수풀 속에 날개를 접으리라.

　뉘라서 나의 우둔함을 가엾이 여길까마는

골짜기 옹달샘에 그윽한 취미 있으니
훌륭하신 임금님, 만일 나를 아끼신다면
청산에서 늙도록 놓아 주소서.

산중에 무엇이 있으리
푸릇푸릇 연기와 안개뿐이라
거기서 도를 닦아
온 나라에 법의 비를 내리리라
한 마음으로 성수(聖壽)를 빌고자
아침 저녁 한 줌 향불을 사르오리다.

出家何所爲	永斷世緣務
我今辭王師	且問何處去
我本山中人	宜入山中住
不愛碧山行	不厭紅塵走
但爲適性情	修德報明主
世間榮辱事	看來如沫聚
我若久留連	聲名多錯誤
不如忘是非	林壑藏毛羽
誰憐吾拙直	林泉有幽趣
聖君如護我	賜放靑山老
山中何所有	蒼蒼但烟霧
於斯修道業	於國垂法雨
專心祝聖壽	朝暮香一炷

(《태고보우어록》)

보우가 소설암으로 돌아온 지 얼마 안 있어 과연 서북 지역에는 전운이 감돌기 시작하였다. 중국에서는 몽고 지배에 대항하여 한족(漢族)들의 부흥을 외치는 소위 홍건적의 난이 일어났다. 이들은 한때 만주, 요동 등지를 점령하며 위세를 떨쳤는데 그만 원나라의 반격에 밀려 쫓기다가 고려 국경선까지 밀려오게 되었다.

공민왕은 보우가 전날 건의했던 바를 상기하면서 부랴부랴 서둘러 서북 지방의 경계를 강화하고 군비를 점검하였다. 허술한 성곽들을 급히 보수하고 척후를 놓아 저들의 동태를 살폈다.

전란은 서북 지방만이 아니었다. 가끔 동남부 지방 해안에 출몰하면서 양민을 죽이고 식량을 약탈해 가던 왜구가 이즈음 들어 갑자기 불어나더니 이제는 대담하게 내륙 깊숙이 상륙해서 노략질을 일삼고 있었다.

소설암으로 돌아온 보우는 인근에 피난처를 보러 다녔다. 마침 가까운 산 넘어 아늑한 골짜기에 숨겨진 적당한 자리가 있었다. 움막이 몇 채 들어설 자리가 있고 옆으로는 시냇물도 흘렀다. 무엇보다 양쪽으로 험한 비탈과 바위가 절벽을 이루고 있는 데다 외지 사람들에게는 전혀 알려지지 않은 곳이었다. 몸소 지세의 형국을 돌아보고 온 보우는 제자들에게 이 곳에 초당을 짓고 식량을 갈무리해 두라고 일렀다. 제자들은 영문도 모른 채 근처의 농부들을 모아 산을 넘나들면서 스승의 분부를 따르느라 한동안 분주하였다.

　이러는 사이 보우에게 청천벽력 같은 소식이 왔다. 고향에 계신 모친이 임종했다는 전갈이었다. 세세생생을 두고 쌓인 인연이 있었기에 모자지간으로 만나고, 출가 사문의 길을 걷도록 허락해 줬으며, 고난에 찬 구도의 길을 줄곧 지켜 봐 주던 모친은 언제나 살아 계신 관음보살이었다. 보우는 자기가 여태껏 활개치고 다닐 수 있었던 것은 뒤에 어머니가 계시기 때문이란 것을 그즈음 와서야 겨우 깨닫기 시작했다. 어머니의 지켜보는 눈길이 없었다면 자기가 걸어 온 길은 더욱 외롭고 힘들었을 것이다. 그만 어깨에 기운이 쭉 빠져버리고 이생에서 누렸던 어머니와의 인연도 이것으로 끝이로구나 하는 생각이 들자 헛헛한 바람이 가슴을 후비고 지나갔다.

　조촐하게 장례를 마치고 돌아 온 보우는 모친을 위해 《지장경》을 독송하며 49재를 설치했다. 한동안 가슴에 구멍이 뚫린 듯 허망한 비애를 지우기 어려웠다. 그럴수록 제자들과 함께 초당 짓는 일에 분주하게 나섰다.

　그러던 어느 날 중국 절강(浙江)에서 한 승려가 찾아왔다. 고려를 두루 다니다가 근처 미원현 은성사(隱聖寺) 객사에 머물고 있는 고담(古潭) 적조현명(寂照玄明)이라는 승려였다. 그는 일찍이 보우가 지은 〈태고암가〉를 보고 거기에 담겨 있는 고고한 선풍을 흠모해 오다가 마침 보우가 소설암으로 돌아왔다는 소식을 듣자 곧 그를 친견하러 찾아온 것이다.

　보우는 그 때 다리에 관절염이 도져 거동이 약간 불편한 상태였다. 고담은 보우를 보더니 혹시 과로 때문이 아니냐고 물었다. 보우가 그렇다고 대답하자 그는, "안심하십시오" 하더니 입을 다무는 것이었다.

　보우는 자기의 육체와 마음의 피로를 간파하는 그가 신통해서 시자를 불러 금란가사와 주장자를 가져오게 하였다. 그것들을 고담에게 주면서 보우는, "여우거든 때려 주고 사자거든 길러라" 하였다. 고담은 꿇어앉아 가사를 받아 입고는 주장자를 들고 갑자기 일어나더니 "얏!" 하고 할을 하면서 보우를 때릴 시늉을 하였다. 보우는 그의 수행이 여간하지 않다는 것을 알아차리고는, "원래 그러한가?" 하고 물었다. 그러자 고담은 아주 천천히 일어나서 공손히 절을 올렸다.

　보우는 그 날 고담과 더불어 새벽녘이 되도록 법담을 나누며 오랜만에 유쾌한 시간을 가졌다. 그리고 돌아가는 고담을 위해 선시를 지어 주며 먼 길을 찾아온 그의 수고를 위로했다.

　그로부터 2년 뒤 1359년(공민왕 8) 8월, 4만이 넘는 홍건적 무리가 압록강을 건너 침입해 왔다. 고려는 일시에 철주와 서경(오늘의 평양)을 함락당하면서 서북 지역 전체가 아수라장으로 변했다. 얼마 뒤 전열을 정비한 고려군의 대반격으로 그들을 압록강 이북으로 몰아내면서 이듬해 2월이 되어서야 전쟁은 가까스로 끝을 맺게 되었다.

피난 간 사람들이 돌아와 전장을 복구하며 겨우 안도의 숨을 돌리는데 이듬해(1361) 10월, 홍건적은 전보다 훨씬 더 큰 규모로 2차 침입을 감행해 왔다. 그들의 재침을 예상하긴 했어도 워낙 많은 숫자로 몰려오는 터라 이번에도 고려는 파죽지세로 밀리고 말았다. 저들이 침입한지 불과 한 달이 안 되어 수도 개경이 함락되고 국왕은 멀리 안동까지 몽진하는 참담한 상황이 벌어졌다. 한강 이북의 고려 영토는 저들의 말발굽에 다시 짓밟히고 백성들은 아귀의 밥이 되었다.

두 번에 걸친 전쟁 때마다 보우는 급히 미원현과 양근에 사는 백성들을 모두 피난시킨 다음 자기는 눈골 마을의 백성들을 데리고 산을 넘어 가서 모두들 무사히 화를 면하게 했다. 제자들은 그제야 그 곳에 초당을 짓게 한 연유를 알고 스승의 혜안에 감탄했다.

연달아 터진 전쟁을 가까스로 물리치긴 했어도 전쟁의 상처는 깊이 남았다. 살아 남은 백성들은 창백하게 병들었고, 무너지고 타 버린 마을과 들판은 황량한 폐허로 변했다.

다행히 봄이 오고 있었다. 저들이 할퀴고 간 상처는 크고 깊었지만 땅덩어리는 남아 있었다. 언 땅이 녹으면서 부드러운 흙이 맨살을 드러내고 생명을 피울 준비를 하였다. 보우는 사방으로 시자들을 보내 곡식 종자를 나눠 주며 지친 백성들을 추스려서 농사에 나서도록 달랬다. 근면한 백성은 땅을 짚고 다시 일어설 것이다.

농민들은 초근목피로 연명하며 흙에 파묻혀 땀에 절어 살았다. 덕분에 얼마 뒤 무논에서는 뽀얗게 벼이삭이 팼다. 그리고 개구리와 맹꽁이 울음소리를 들으며 알곡이 알알이 영글어갔다.

계절이 흘러 가을이 왔다. 그러던 중 이상하게 을씨년스런 비바람이 사나흘 뿌려 대던 어느 날 궁궐에서 낯익은 내관이 찾아왔다. 공민왕은 궁궐이 불타 버려 청주에 내려가 있는데 보우의 안부를 매우 걱정하면서 또다시 전쟁이 일어날까 염려스러우니 문경 가은의 봉암사(鳳巖寺)로 가서 주석하라는 명을 전한다. 왕명을 받은 보우는 즉시 길 떠날 차비를 하였다.

가은으로 가는 길에 청주에 들러 국왕을 배알하였다. 그 동안 재난을 겪으며 서로 안부를 걱정했던 만큼 반가움도 더했다. 왕이 말수가 적어지고 수척해진 것은 전쟁을 치르느라 그랬겠지만 그보다 수심이 가득한 얼굴에 계속 손을 마주 비비고 손가락을 꺾으면서 잠시도 가만 있질 못하는 것이 예사롭지 않아 보였다. 5년 전 궁궐에서 보던 모습이 아니었다.

이튿날 국왕을 하직하고 길을 나서는 보우의 마음은 뭔가 석연치 않은 것이 착잡하였다. 왕은 문밖까지 따라 나와 미소지으며 보우를 전송했지만 서늘한 이마에는 우수의 그림자가 깊게 드리워 있었다. 이것이 결국 국왕과의 마지막 만남이 되고 말았다.

가을이 한창일 때, 보우는 알록달록 물든 단풍의 꽃길을 걸어 태백산 줄기 깊은 곳에 자리하고 있는 가은 봉암사에 당도하였다. 그 곳의 산 이름, 희양산을 따서 봉암사를 일명 희양사, 또는 양산사라고 했는데 산 앞을 흐르는 개천은 오늘도 양산천이라고 불린다.

봉암사는 신라 말, 당나라에서 선법을 공부하고 귀국한 지선(智詵, 824~882)이 희양산문의 종찰로 창건하여 9산 선문의 하나로서 상당히 번창하던 곳이다. 우뚝 솟은 바위 봉우리 아래 자리잡은 봉암사는 창건 이래 기라성 같은 선지식을 많이 배출하기로도 유명했었다. 그러나 고려 중엽부터 사세가 위축되기 시작하더니 보우가 도착했을 무렵에는 쇠락하여 승려 몇 명이 지키고 있었다.

보우는 몇 안 되는 대중을 거느리고 몸소 두 팔을 걷어붙이고 나섰다. 나무를 베어 내고 다듬고, 낡은 것은 헐어 내고 고쳐 세우며 가람을 일신하였다. 첩첩 산중 깊은 곳이라 자급자족이 가능하도록 산자락 층층이 여유있는 곳마다 밭을 개간했다.

밤낮으로 땀 흘린 덕분에 얼마 지나지 않아 봉암사는 옛 모습을 갖추고 선원도 다시 열었다. 보우가 주석한다

경북 문경
희양산 봉암사
태고선원

는 소문이 돌자 선승들이 일시에 몰리면서 선찰로서의 옛 명성도 되살아났다.

  이렇게 일어난 봉암사 태고선원은 이름에서 알 수 있듯이 오늘에 이르기까지 보우의 가풍을 계승하려는 참선 납자들이 전국에서 몰려들고 있다. 현재 선승들은 이 곳에서 하루에 18시간 내지 22시간씩 정진하며 전국 어느 선원보다도 가혹하리만큼 혹독하게 수행하고 있다. 특히 조계종은 종단 차원에서 불교계의 인재를 기르기 위해 유일하게 종립선원으로 지정해서 운영하고 있는지라 특별한 날 외에는 아예 산문을 걸어 잠근 채 외부인의 출입을 일체 끊고 오로지 수행에만 전념하도록 지원하고 있다. 엄격한 계율 아래 사생결단하고 정진하는 이 곳 선방은 웬만한 승려들은 어지간한 각오가 서지 않는 한 입방조차 어렵다. 또 선방 입실을 허락 받는다 해도 초인적인 수행력과 인내심 없이는 며칠도 견디지 못할 만큼 철저한 수행을 하는 곳이다.

봉암사에서 첫번째 동안거를 마친 63세(1363)되는 해 정월 어느 날 개경에서 손님이 찾아왔다. 성균관 좨주 한천(韓蕆)이 왕명을 받들고 왔는데 그 무렵 왕은 청주에서 개경으로 환도하면서 보우에게 전라도 장흥 보림사로 옮기라고 명했다는 것이다. 얼마 동안은 봉암사에 칩거하며 선방을 지킬 생각이었는데 갑작스런 왕명에 의아한 생각이 들었지만 보림사가 가지산문의 종찰일 뿐더러 남녘에 위치하고 있어 따뜻하고 물산이 풍부한 곳으로 보내려는 국왕의 배려라고 단순하게 생각하였다.

그러나 왕명을 전한 한천은 바로 개경으로 돌아가지 않고 보우에게 볼일이 남은 양 머뭇거렸다. 옆에 있던 시자가 한천

봉암사의 보우 부도

의 의도를 짐작하고 주위를 물리친 다음 스승과 한천만 따로 남게 하였다. 좌우가 물러가자 한천은 보우에게 근심 어린 빛으로 개경의 형편을 전했다. 바로 한 달 전 원나라에서는 반원적인 성향의 공민왕을 폐위하고 대신 덕흥군을 국왕으로 책봉했다는 것이다. 이 때문에 조정에는 뒤숭숭한 소문이 들끓고 대신들은 부화뇌동(附和雷同)하며 편당을 짓고 싸우는 등 모두들 제정신이 아니라고 하였다.

이렇게 모두 갈팡질팡하고 있는 차에 편조(遍照, ?~1371)라는 승려가 왕의 곁을 떠나지 않고 붙어 다니더니 왕은 어느 새 편조에게 모든 것을 일임하고 그가 하자는 대로 국정을 맡겨 버렸다는 것이다. 뿐만 아니라 보우를 보림사로 내려보내는 것도 될 수 있는 한 국왕 옆에서 떼어놓으려는 편조의 계략이라는 것이다. 그러면서 한천은 국왕이 제발 편조를 멀리하고 예전처럼 영민한 군주로 되돌아오게 도와 달라고 부탁하였다.

편조라면 보우도 어렴풋이 기억나는 인물이었다. 보우가 개경에서 원융부를 돌볼 때 사관(史官)들을 지휘하여 신현(申賢, 1298~1377)이 저술한 책들을 몰수해서 소각시킨 일이 있었다. 그 때 함께 일한 사람 중에 편조라는 낯선 승려가 있었는데 아무도 그가 누구인지 제대로 아는 사람이 없었다. 편조도 자신이 화엄종의 승려로 낙산사에서 왔다는 것만 밝혔지 말이 없고 누구와도 어울리려 하지 않았다. 보우는 묵묵히 일만 하는 그를 지켜보면서 매우 기민하고 영특하게 여겼지만 가까이 있으면 어딘지 모르게 어둡고 싸늘한 냉기가 느껴져 쉽게 친해지지 못했었다.

공민왕은 모진 전쟁을 겪으며 얼룩진 마음의 상처를 쉽게 씻어낼 수 없었다. 게다가 줄곧 원나라와 내통하면서 호시탐탐 국왕에게 도전하며, 사사건건 개혁정치에 반발하던 세력들이 원나라에 의지해서 국왕을 폐위하려는 사건에 휘말리면서 공민왕의 심정은 이루 말할 수 없이 비참해지고 말았다. 안으로 백성을 제대로 보살피지 못해 도탄에 빠뜨렸다는 자괴감에서 헤어 나오지 못하고 있는데, 밖에서는 국왕의 지위를 불신하고 있으니 그가 겪고 있을 마음 고생이야 오죽했을까? 전쟁은 그를 지치고 절망에 빠뜨렸다.

공민왕은 심한 정신적 충격을 받으면서도 쉬지 않고 국정을 처결해야 하는 막중한 책임에 짓눌려 있었다. 매 순간마다 단호한 결단을 내리며 대신들을 지휘하는 한편 백성을 지켜야 하는 최고 통치자로서의 절대 고독을 채워 줄 누군가가 절실히 필요했다. 그 때 거의 국왕 옆에 상주하면서 종교적인 감화와 위로를 주던 편조가 남다르게 여겨졌던 것이다. 보우에 비해 훨씬 적극적으로 밀착해서 따라다니는 편조를 차츰 신뢰하게 되고 그의 이야기를 경청하면서 그와 더불어 국정에 관한 비밀스런 일까지 논의하게 되었다. 나아가 절망적인 현실의 질곡에서 벗어나지 못하고 매사에 자신감을 상실하고 있던 국왕은 자기의 판단보다는 편조의 생각을 더 믿고 의지하게 되었다.

　보우는 불현듯 눈앞이 캄캄해졌다.
　전쟁은 이 강산을 만신창이로 만든 것도 부족해 인심마저 뒤바꿔 놓은 모양이었다. 그 중에도 치명적인 것은 사람의 마음에 절망을 심었다는 것이다. 절망은 인간의 이성을 황폐하게 만든다.
　지난 가을, 청주 행재소에서 잠시 국왕을 알현했을 때 그 불안해 하던 모습과 석연치 않았던 느낌이 바로 이것이었구나 하는 생각이 번뜩 들었다. 국왕의 마음은 이미 보우를 떠났을 뿐 아니라 생각의 저변까지 근본적으로 흔들리고 있었던 것이다.

보림사 쇠소를 채찍질하다

　보림사는 어린 시절 그가 두려움과 설레임으로 처음 선방에 들었던 곳이다. 그 때 보우는 선방의 맨 말석에 앉아 뼈를 깎는 수행에 온몸을 던지며 젊음을 바쳤었다. 가지산문의 수행자라면 누구나 한 번 이 곳 선방을 거치기 마련이고 장차 오롯이 한 산의 주인이 될 정도의 도인이 되면 이 곳으로 돌아와 후학들을 가르치는 전통이 묵계로 이어져 왔다. 보우도 언젠가는 한 번 돌아가야 할 곳이었다. 보우는 어쩌면 잘 된 일이라고 생각하였다.
　전라도 장흥까지 가는 길은 대단히 멀었다. 구곡양장 높고 험한 산줄기를 몇 차례나 넘고 구불구불 휘돌아 가는 강을 수없이 건너며 나귀를 타고 걷고 또 걸었다. 가까스로 한반도의 남단 장흥땅으로 들어서니 비산비야의 대지에 오밀조밀 펼쳐지는 논밭들이 여느 산하와 다름없었다.
　그러나 전란의 자국은 이 곳에도 역력하였다. 다만 차이가 있다면 홍건적이 아니라 왜구들 때문이라는 것이다. 산에서 들로 이어지는 논배미마다 그들이 저지르고 간

분탕질로 흙이 파헤져지고 둑방이 무너져 있었다. 보우 일행이 지나가도 너무나 지친 백성들은 낯선 사람들에 대한 호기심도 없는 듯 무표정했다. 일어서면 짓밟히고, 다시 일어서면 또 짓밟히는 백성들의 처지가 딱하고도 가여웠다.

어찌 할거나 하는 한탄이 절로 나왔다.

보림사로 가는 동구에 이르자 예전에 다른 선방에서 제접했던 제자들이 마중 나와 있었다. 산 입구에 들어서니 많은 승려들과 신도 대중들이 늘어서서 마치 오랜만에 돌아온 식구를 맞는 듯 반가워했다.

일주문에 이르자 보우는 대중들을 향해 말문을 열었다.

석가 늙은이가, "나는 이 법문을 국왕과 대신에게 부촉하노라" 하셨으니 이는 진실한 말씀이오.

오늘 이 태고 노승이 여러 일행과 함께 희양산에서 가지산까지 왔는데 그 중간의 거리는 천여 리요, 길을 떠난 지는 열 나흘 만이오. 남쪽을 향해 걷는 길은 언제나 어려움이 없고, 여기 원통(圓通)에 이르는 넓은 문은 활짝 열렸으니, 이는 오로지 국왕과 대신이 보호하고 도와주시는 은혜 때문입니다.

대중들이여, 오기는 왔지만 앞으로 어떻게 해야 이같이 무거운 은혜를 갚을 수 있으리오?

시냇물 소리는 아주 친절한데 산색이 희미하도다.

주장자를 내리쳤다.

정신차리고 다시 시작하라는 외침이었다.

사천왕문을 지나니 마당에 새로 깐 황토에는 빗질 자국이 선명하였다. 법당 수미단에는 오색 화려한 지화가 풍성하게 장식되어 보우를 맞이하였다.

허리를 곧추 세우고 앉아 눈빛을 반짝이며 보우의 입을 쳐다보는 젊은 선객들을 바라보자 감회가 새로웠다. 보우는 저 눈 푸른 대중들의 마음 속에 지혜의 종자를 심어 주리라 한껏 다짐하였다.

법좌에 올라 대중들을 향해 말을 이었다.

조주고불은 부처라는 말을 좋아하지 않았소. 그러나 나는 좋아하지 않는다는 그 말조차 좋아하지 않소.

옛날에는 내가 바로 그대였는데, 오늘은 그대가 바로 나로구나.

범부를 녹이고 성인을 단련하는 하늘의 풀무를 불어 보라. 말하시오.

오늘 누가 이 칼을 당할 것인가?

얏! (《태고보우어록》)

세상은 시끄러워도 산사는 태고적처럼 적막하였다. 조용할수록 공부의 열기가 뜨거운 곳이 선원이다.

선방은 아무것도 놓인 게 없이 휑한데 한쪽 선반 위로 흰 천에 싸인 바릿대가 가지런하고, 벽을 가로질러 매단

대나뭇줄에는 반듯하게 접은 가사가 식구 수대로 걸려 있다. 한 점 티끌도 용납하지 않는 선방을 보자 보우는 자기가 설 자리에 왔음이 기쁠 따름이었다. 구름을 벗어난 달처럼 마음도, 몸도 청정해졌다.

그 해 여름 결제에 들어가며 보우는 대중들에게 '무(無)'자 화두를 내려 주면서 이 더운 여름에 각자 설산에 감춰진 보물을 찾아오라고 당부하였다.

구도의 열정으로 뜨겁게 달구어진 선승들을 죽비로 다스리며 채찍질하였다.

보름마다 포살을 열어 그들의 공부를 점검하고 언어의 관념에 빠지는 것을 경책하면서 직관으로 지혜의 관문을 뚫으라고 할을 질렀다.

모두들 쇳물이 녹도록 지독하게 자신을 단련하고, 가혹하도록 정신을 매질해서 의식 저 밑바닥에 남아 있는 찌꺼기조차 없애 버리고, 기필코 앉아 있는 그 자리에서 생사 문제를 해결하고야 말겠다는 각오를 하였다.

남도 외진 곳에 아무리 멀리 떨어져 있어도 행각하는 승려들 덕분에 들을 만한 소식은 더 빨리 전해지는 곳이 절이다. 국가는 내우외환이 겹쳐 혼란을 거듭하면서 누란의 위기에 달해 있었다.

얼마 전에는 개경에서 김용(金鏞, ? ~1363)이 국왕을 시해하려는 음모를 꾸몄다고 한다. 국왕의 신임을 받으며 높은 관직을 두루 역임했던 김용은 홍건적의 침입 때 공을 세워 지위가 높아진 동료 장수를 시기한 나머지 그를 모함해서 죽음에 이르게 하였다. 경쟁 상대가 없어진 김용은 점점 방자해지더니 드디어 국왕까지 살해하려는 역모를 꾸미다가 탄로나서 처형되었다고 한다.

그 와중에 왕을 호위하던 홍언박이 반란군에게 무참히 살해되었는데 홍언박은 국왕의 외사촌으로 국왕이 어려서부터 왕의 후견인 역할을 하던 인물이라 왕이 받은 충격과 비통함은 이루 말할 수 없었다. 원나라에서 선포한 국왕 폐위사건으로 국왕의 지위가 흔들리고 있는 마당에 공민왕이 전폭적으로 신뢰하던 신하는 자신을 배신하고 음해하려 하거나 억울한 죽음을 당하는 것이었다.

뿐만 아니라 밖에서는 원에서 새로 고려 국왕으로 책봉된 덕흥군이 기 황후와 음모하여 고려를 침입해 왔다. 이들은 결국 최영(崔瑩, 1316~1388)에 의해 격퇴되었으나 고려의 서북 지방은 또 한 차례 전쟁의 소용돌이에 휘말리면서 백성들을 사지로 몰아 넣어야 했다.

세상 일이 아무리 뒤숭숭해도 남도에 내려와 있는 보우로서는 어찌할 도리가 없었다. 오로지 제자를 기르는 일에 전념할 뿐이었다.

보우는 그 해 하안거를 종서당 철우와 함께 지냈다. 행동거지가 털털하면서도 담백해서 도를 깨칠 만한 자질이 있어 보이는 제자였다. 해제 날, 보우는 대중들에게 그간 각자가 성취한 공부를 말해 보라고 하였다. 그 때

종서당은 기특하고 대견스럽게 대답하였다.

"전에는 부처의 소리와 부처의 모양을 알려고 힘썼지만 이 회중에 와서 본분의 가르침을 받은 뒤로는 그런 방도를 모두 버렸습니다. 다만 냉정하게 조주스님의 '무(無)'자 화두를 참구할 때면 모기가 쇠소(鐵牛)를 무는 듯, 그렇게 했습니다."

보우는 이 지루하고 더운 여름이 헛되지 않았음을 확인할 수 있었다. 그리고 종서당에게 격려를 아끼지 않았다.

"이제 쇠소에다 채찍질해서 땀이 나게 하라. 그리하면 곧 조주스님과 만날 것이니 열심히 힘쓰거라."

안거를 마친 종서당이 만행을 나서면서 보우에게 법호를 구하였다. 보우는 기꺼이 붓을 들어 '쇠소(鐵牛)'라는 법호를 내리고 그를 위해 다섯 수의 게송을 지어 주었다.

세상이 어수선해도 시간은 흘러갔다. 하안거를 마친 선방의 납자들이 운수가 되어 썰물처럼 빠져나갔다. 살갗을 파고드는 상쾌한 가을 바람이 불자 보우도 한 조각 구름이 되어 떠돌며 마을 사람들 사는 형편이랑 빼어난 월출산의 속살이 보고 싶었다. 월출산은 방향에 따라 기암괴석으로 빚어진 험한 돌더미의 골산과 넉넉한 능선이 여유롭게 이어지는 토질의 육산이 조화를 이루는 아름다운 산이다.

길을 떠나기 전 시자가 삭도로 머리를 말끔히 밀어 주

었다. 거울을 비춰 보니 낯선 늙은이 하나가 마주 보고 있었다. 주름진 얼굴, 머리에 서리가 하얗게 내린 노인이었다. 보림사에 도착했을 때는 선방 승려들 모습에서 예전의 자기를 보았었는데, 이제 거울 속에는 늙은이가 한 사람 있었다. 세월은 만인에게 평등해서 아무도 비껴가지 않는다는데 이제 남은 날들이 과연 얼마 만큼일까 헤아려 보았다.

장흥을 떠나 해남, 강진을 두루 다니다가 월출산 남쪽 끝자락에 있는 월남사에 잠시 묵기로 하였다. 월남사는 강진군 성전면 월남리에 있는데 보우보다 약 1백 년쯤 전에 송광사의 진각국사 혜심이 창건한 곳으로 사굴산문 출신의 송광사 승려들이 주로 머무는 곳이었다.

이 곳에서 보우는 우연찮게 제자 찬영과 송광사의 석굉을 만났다. 가지산문과 사굴산문 소속의 승려가 마주하고 앉아 뜻밖의 해후를 반겼다. 그들은 연둣빛 녹차를 앞에 놓고 종일토록 대나무 숲에 앉아 나이와 산문을 초월하여 도인들만이 나눌 수 있는 격조 높은 대화로 회포를 풀었다. 대숲의 바람 소리는 파도 소리처럼 시원하게 들리고, 댓이파리 사이로 비치는 햇살은 반가운 이들의 얼굴에 어른거리며 간지럽혔다.

찬영은 스승이 어려워 약간 비껴 앉은 채 그간의 일을 소상히 여쭈었다. 그 동안 삼각산 중흥사 선원을 맡고 있다가 왕명으로 개경에서 승록사 일을 몇 년간 돌보았으며 그 뒤 석남사 등 여러 절을 운수하다가 이 곳까지 오게 되었다고 했다.

며칠 뒤 보우는 월남사를 떠나면서 찬영에게 '청명한 계절에 우연히 만나 푸른 산 맑은 시내의 달빛에 함께 눕다…'로 시작하는 시를 지어 주고 제자의 공부도 경책하였다. 석굉은 이 때 만난 것이 인연이 되어 그 뒤 여러 차례나 보우의 선방에 참예하는 등 몹시도 보우를 따르다가 훗날 보우가 입적하자 삼각산 중흥사에 보우의 비를 세우는 일에 앞장선다.

전남 강진 월출산 월남사지 석탑

가을걷이가 거의 끝날 무렵 보우는 보림사로 돌아왔다. 겨울 안거 준비를 위해 일찌감치 들어온 것이다. 보림사에는 지난 여름보다 훨씬 더 많은 선객들이 몰려 결제가 시작되기 며칠 전에 선방 입실이 이미 끝나버렸다. 그 중에는 석굉을 비롯하여 조굉, 일녕, 상총, 유창, 달심 등 그가 아끼던 제자들도 많이 섞여 있었다. 한결같이 준걸한 인재들이었다. 모처럼 스승과 함께 살면서 직접 스승의 체

온을 느끼며 도심을 키우고 싶었던가 보다. 보우도 이들과 함께 있는 동안은 마음이 늘 넉넉하였다.

평생에 옳은 스승 만나기도 어렵지만, 평생을 걸고 눈이 번쩍 뜨이는 제자를 만나는 것 또한 어려운 일이다. 청출어람(靑出於藍). 푸른빛은 쪽에서 나왔건만 쪽빛보다 더 푸르러라. 늙어가며 이들을 바라보는 것보다 더한 즐거움이 또 어디 있을까?

회피할 길 없는 인연의 굴레

 이듬해(1364) 여름 무렵, 개경에서 온 소식은 결혼한 지 10여 년이 넘도록 태기가 없던 왕비가 드디어 회임했다는 것과 전국 사원에서는 이를 경하하고 왕자 탄생을 기원하는 법회를 열라는 명이었다. 왕자의 탄생은 왕권과 국기를 튼튼히 하는데 필수적인 것이기에 왕실과 더불어 온 백성들이 애타게 기다렸던 소식이었다. 또 하나 기쁜 소식은 쇠퇴 일로를 걷던 원나라가 더는 고려에 대한 영향력을 행사할 수 없음을 깨닫고 공민왕을 복위시킨다는 교서를 보내 온 것이다. 대내외적인 경사가 겹치면서 고려는 차츰 안정을 되찾아 갔다.
 다시 새해가 되고 보우의 나이도 어느덧 65세(1365, 공민왕 14)가 되었다. 남도의 봄은 빠르게 찾아왔다. 비탈밭에 심은 보리도 키가 훌쩍 자랐고, 차밭에는 갸름하게 생긴 찻잎이 앙증맞은 새순을 틔웠다. 만물이 새봄을 맞아 생명의 기쁨을 노래하였다.
 2월 어느 날, 한동안 조용하던 선원에 만행하며 지나는 운수객들이 뜻하지 않은 비보를 가지고 왔다. 왕비가 해

산하다가 산고를 이기지 못하고 끝내 아기와 함께 절명했다는 것이다. 보우는 공민왕의 얼굴을 떠올리며 국가의 앞날에 먹구름이 몰려올 것을 예감하였다.

보우는 법당에 나가 '나무아미타불'을 외우며 무겁게 염주를 굴렸다.

왕은 예리한 판단력과 강력한 추진력을 갖췄으나 속마음은 그의 희고 가느다란 손가락만큼이나 섬약해서 결단력이 부족했다. 왕은 자기가 새로운 것에 착수할 때면 누군가 곁에서 박수치며 용기를 북돋워 주어야 마침내 결단을 내리는 버릇이 있었다. 지금까지 국왕 옆에서 그런 역할을 해 왔던 사람이 바로 왕비였다. 아무도 믿을 수 없던 오랑캐의 땅 객지에서 만난 배필이라 왕에게 있어 왕비는 때로는 누님 같고, 때로는 어머니 같은 존재였다. 옆에서 얼핏 보아도 기러기 한 쌍처럼 무척이나 금슬이 두터웠던 부부여서 그런지 왕은 왕비 외에는 특별히 마음에 두는 후궁도 없었다.

그렇기에 왕비를 잃은 왕은 그 어디에도 마음을 의지할 수 없었다. 얼마나 상심이 컸던지 마치 실성한 사람처럼 행동한다는 괴이한 소문까지 파다하였다.

머잖아 소문은 사실로 드러났다. 인생의 허무를 느낀 왕은 마치 넋이 나간 사람같이 되었다. 왕은 절망을 추스를 겨를도 없이 또 다른 절망에 빠지면서 정치를 비롯한 현실의 모든 것에 의욕을 상실하였다. 세상사 모든 것이

귀찮고 허망해서 할 수만 있다면 왕비가 살아 있던 과거로 돌아가고 싶었다. 왕비의 초상화를 벽에 걸어 놓고 마주 앉아 밤새도록 술잔을 권하다 취해서 쓰러지고, 정신이 들면 죽은 왕비를 위해 이 세상에서 가장 호화로운 무덤을 만들어 주겠다며 사방에 있는 관리들을 다그쳤다.

공민왕은 왕이라는 직분에 점점 진력이 났다. 새벽부터 일어나 관청마다 올려 보내는 공문들을 읽고 처리하는 일은 끝도 없고 한도 없었다. 아무리 정열을 바쳐 국사에 매달려도 무엇 하나 시원하게 해결되는 것이 없었다. 이 사람의 딱한 처지를 살피고 나면 다른 사람의 불만이 기다리고 있고, 한쪽을 수습하면 또 다른 곳에서 사단이 벌어졌다. 본래 마음 바탕이 선하고 곧은 왕으로서는 이러지도 못하고 저러지도 못하는 경우가 한두 번이 아니었다. 별별 사건들을 뒤치다꺼리하고 세상의 온갖 영욕을 맛보며 할 수 있는 한 최선을 다했건만 남는 것은 아무것도 없었다. 왕비마저 곁을 떠나 버리자 왕은 그 무엇으로도 채워지지 않는 허탈감에 살아가는 의욕마저 잃어버렸다.

공민왕은 국정의 방향만 잡아 주고 세세한 모든 일은 편조에게 맡겨 버렸다. 승려 신분의 편조는 비상하게 똑똑한 데다가 복잡한 정치 현안을 꿰뚫어보는 예리한 정치 감각까지 있었다. 공민왕이 편조를 신뢰하게 된 또 다른 이유는 기존의 세력가들과 전혀 연결되어 있지 않고 오로지 국왕만을 의지한다는 점이었다. 국왕은 늘상 곁을 붙어

다니는 편조를 '청한거사(淸閑居士)'라고 부르면서 자신의 사부로 모시고 점차 국정의 전권을 맡기다시피 하였다.

 5월이 되자 편조는 마침내 환속해서 신돈(辛旽)이라는 속명을 쓰며 본격적으로 국정을 장악해 나갔다. 왕은 신돈이 주청하는 일이면 무엇이든 그대로 따랐다. 더구나 신돈은 자신을 지혜의 상징이라는 '문수의 화신'으로 자칭하면서 의자에 앉아서 국왕의 절을 받는 등 교만을 부려도 국왕은 전혀 괘념치 않았다.

 그로부터 두 달 후 신돈은 진평후로 책봉되어 귀족 최고의 반열에 올랐고, 12월에는 여러 개 관직을 한꺼번에 제수받으면서 그 누구도 누리지 못했던 막강한 권력을 휘두르게 되었다. 당시 신돈이 받은 관직은 '수정이순 논도섭리 보세공신 벽상삼한삼중대광 영도첨의사사 판감찰사사 취성부원군 제조승록사사 겸 판서운관사(守正履順 論道燮理 保世功臣 壁上三韓三重大匡 領都僉議司事 判監察司事 鷲城府院君 提調僧錄司事 兼 判書雲觀事)'라는 것이었다.

 세상을 순조롭게 이끌어 가는 공신으로 책봉되어 그의 초상화가 국가 공신당 벽에 봉안되고, 정1품 공신에게만 수여하는 취성군의 부원군이라는 작호도 받았다. 또 고려의 최고 관청인 도첨의사사의 장관이 되어 그야말로 '일인지하 만인지상'이라는 재상이 되고 겸직으로 모든 관리들을 감찰하는 권한도 가졌다. 여기에 덧붙여 불교 정책 전반을 수행하는 승록사와 음양과 천문의 변화를 살펴 국가적 차원의 종교의례, 제사 등을 관장하는 서운관의 권력도 독점하였다. 이처럼 신돈은 정치, 종교를 망라하는 국가 핵심기관의 전권을 장악함으로써 가위 무소불위의 권력을 행사하였다.

일개 옥천사 노비의 아들로 태어난 신돈이 이같이 급작스런 출세를 하게 된 것은 누구도 예견치 못한 일이었다. 신돈이 아무리 수재라 해도 불교계에 뚜렷한 자취를 남기거나, 정치 경험이 거의 없는 그에게 그렇게 엄청난 권력을 한꺼번에 줬다는 사실에 대신들 이하 모두들 벌어진 입을 다물지 못했다.

이를 보다 못한 왕의 모후는 백성을 괴롭히는 죽은 왕비의 엄청난 능침 공사를 즉각 중단하라고 나무라는 한편 신돈을 멀리하라고 타일렀다. 그러나 왕에게는 신돈 말고는 누구의 소리도 들리지 않았다.

보우는 명색이 왕사의 입장에서 더는 좌시하고 있을 수 없었다. 어려운 때에는 왕에게 지혜로운 말로 충언하는 것이 왕사의 마땅한 도리였기에 고심 끝에 국왕에게 올리는 글을 썼다.

나라가 잘 다스려질 때는 진승(眞僧)이 뜻을 펴고, 나라가 위태해지면 삿된 승려가 그 뜻을 얻게 됩니다. 원컨대 전하께서 이를 살펴 멀리하시면 종사가 바로 잡힐 것입니다.

(〈태고보우행장〉)

이런 요지의 글을 올려 신돈의 횡포를 꾸짖으며 왕도 정치가 올바로 실현되기를 촉구하였다. 그러나 국왕으로부터는 아무런 대꾸도 없었다. 정치가 모두 신돈에게 장악되어 있는 상황에서 과연 보우의 글이 왕에게 제대로 전달되었는지조차 알 수 없었다. 보우는 나라가 장차 어디로 흘러갈 것인지 예측할 수 없었다.

66세(1366, 공민왕 15)되는 10월, 보우는 마지막으로 왕에게 다시 글을 올리며 왕사를 사퇴하였다. 왕사가 왕사로서의 직분을 할 수 없다면 왕사라는 직책도 필요 없었다. 잡초가 논밭을 망치듯 어리석음과 탐욕이 사람을 망치고 몇 명의 사악한 무리가 국가를 돌이킬 수 없는 나락으로 몰아 넣고 있었다. 보우는 왕사를 사퇴하면서 국왕이 총기를 회복하고 친히 정치에 임해서 주위를 어지럽히는 삿된 무리를 내치고 국기를 바로 잡으라고 간절히 충언하였다.

이번에도 국왕으로부터 아무런 응답이 없었다. 보우는 더는 어쩔 수 없다는 것을 깨닫고 홀연히 보림사를 떠나 전라도 고창의 도솔산으로 은둔하였다.

그러자 공민왕은 1367년(공민왕 16) 5월, 당시까지 공석으로 있던 국사 자리에 천희(千熙, 1307~1382)를, 그리고 보우가 자리했던 왕사에는 선현(禪顯, 생몰년 미상)을 각각 책봉하였다. 이것은 신돈이 본래 화엄종 소속의 승려였기에 그가 환속하기 전 친밀하게 지냈던 화엄종의 승려 천

희와 선현을 천거해서 국사와 왕사에 책봉하게 획책한 것이다.

　보우가 왕사를 사퇴할 때 왕사의 직인도 국가에 반납했으나 나라에서는 아직 보우의 왕사 책봉 말소에 관한 포고문이 없었다. 그런 차에 새로 왕사를 또 책봉하여 국가에 두 명의 왕사를 모시는 것은 보우나 선현 두 사람 모두에게 누가 되는 처사였다. 원래 국사나 왕사는 국가의 최고 어른으로 인정받는 대단히 명예스러운 종신직으로서 공석으로 비어 있는 경우는 있어도 생존해 있는 사람을 도중에 축출한다든지 두 명을 동시에 책봉하여 욕되게 하는 일은 역사에 없던 일이다.

　상황이 이렇게 되자 보우는 스스로 죄인임을 자처하며 칠순을 바라보는 노구를 이끌고 1년 만에 도솔산에서 나와 개경과 더 멀리 떨어진 전주 보광사로 향하였다. 보광사는 현재 폐사가 되어 그 위치가 자세하지 않지만 완주군 구이면의 보광재라는 고개 너머가 절터였을 것으로 추정된다.

　그 해 여름은 유난히도 덥고 가물었으며 오뉴월 땡볕은 산하를 태우듯 기승을 부렸다. 농민들은 가뭄에 타들어 가는 논을 바라보며 땅이 꺼지게 한숨을 몰아 쉬었다. 바짝 말라 버린 논은 거북이 등마냥 쩍쩍 갈라졌고, 노랗게 타들어 간 벼는 비틀려 새끼처럼 꼬여 있었다. 새벽부터 물지게를 지어다 부으면 꼬여져 있던 벼 이파리가 순간 반대로 돌아가며 펴지는 듯 하지만 그 때뿐이었다. 워낙 바싹 말라 물이 스며들 사이도 없이 다시 말라버렸다. 타들어 가는 논만큼이나 농부들의 애간장이 타고, 이를 바라보는 보우의 간장도 녹을 지경이었다.

보광사에 칩거하려던 보우는 이 곳에 온 지 불과 몇 달 만에 더 큰 쓰라림을 맛보아야 했다. 보우를 속리산에 금고시키라는 어명을 받든 사신들이 와서 어서 길을 떠나자고 재촉하는 것이었다.

그 사이 신돈은 보우를 불교계에서 추방하고 나아가 그의 목숨까지 빼앗으려고 갖은 모함을 하였다. 보우가 몰래 중국으로 망명하려 한다는 거짓말을 퍼뜨리는가 하면 그를 처단하기 위해 갖은 방법으로 모략하였다. 왕은 그 동안 보우와 쌓아온 정리와 그의 도덕을 생각하면 신돈의 말을 액면 그대로 받아들일 수 없었으며 또한 남달리 신앙심이 돈독했던 왕으로서는 보우와 같은 고승을 애매한 죄로 극형에 처할 수도 없었다. 신돈의 주청이 득달같았으나 차일피일 미루다가 더 피할 길이 없게 되자 결국 보우의 목숨만은 살리자며 금고를 선언했던 것이다.

불법을 수호하는 국가에서 일국의 왕사를 지낸 고승에게 금고형을 내린 것도 일찍이 없던 일이었다. 보우는 자기에게 전법해 주었던 스승과 자기를 키워 준 종단에 죄스럽고 민망하기 그지없었다. 그러면서도 무명에 가려

끝없이 어리석은 나락에 빠져드는 국왕이 가여울 따름이었다.

사람들은 가장 가까운 사람에게서 가장 아픈 상처를 받는다. 정이 깊으면 병도 깊다고 했거늘 공민왕에게 쏠렸던 기대가 너무 컸나 보다. 차곡차곡 두텁게 쌓였던 신뢰가 밑바닥에 받친 굄돌을 빼버리듯 와르르 무너져 내린다.

그게 아니다.

이것도 인연이다.

어느 생에선가 준비된 보우의 곤핍한 처지가 이제 시절 인연이 닿았나 보다. 국왕도, 신돈도, 누구의 탓도 아니다. 보우 자신의 인연이다.

보우는 즉시 속리산으로 향하였다. 보우가 길을 나서면 으레 제자들이 나귀를 준비하고 식량과 약품 등을 챙겨 서너 명 동행하는 것이 보통이었다. 보우는 제자들을 일체 물리치면서 자기는 이제 왕사가 아니라 국가에 죄를 지은 몸임을 상기시켰다. 나귀는커녕 입고 있던 장삼도 벗어 버리고 나이 어린 행자처럼 짧은 동방 차림에 방갓을 쓰고, 육환장 대신 나무 막대기를 짚었다. 그리고 아무도 따라오지 못하게 일렀으나, 제자들은 늙은 스승을 차마 홀로 보낼 수 없다며 한사코 울면서 애걸하는 바람에 철봉(哲峯) 한 사람만 동행을 허락하였다.

보우가 죄인의 몸이 되어 길을 나서는데 보광사의 대

중들은 산문 멀리까지 따라 나오며 소리 높여 '석가모니 불'을 염송하였다. 국법이 바로 잡히길 염원하는 간절한 마음이었다.

전주에서부터 걸어서 굽이굽이 강을 지나 산을 넘고, 숨가쁜 속리산 말티재를 넘어 법주사에 닿은 것은 보름도 더 걸려서였다. 날씨는 무더운 한여름인데다가 무릎 관절염을 앓고 있는 칠순 노인에게는 길을 걷는 것 자체가 엄청난 고행이었다. 곁을 따르는 철봉은 이러다가 혹여 길에서 스님을 여의는 것이 아닌가 하며 노심초사하였다.

충북 보은
속리산 법주사

법주사에 들어 온 보우는 사내 대중들이 아무리 강권해도 굳이 우겨 후원에 딸린 뒷방을 처소로 삼았다. 도착하자마자 노독으로 며칠은 방문 밖에도 나설 수 없었지만 그래도 아픈 기색을 보이지 않고 희미해지는 정신을 가다듬으며 선정삼매로 버텨내려고 안간힘을 썼다. 그 때문에 몸 속의 열기가 밖으로 뻗쳐 입술 주변이 모두 부르

회피할 길 없는 인연의 굴레 237

트고 눈이 충혈되었다.

 보우는 신돈과 전생에 무슨 인연을 지어 이 지경까지 오게 되었는지 알 수 없었다. 그러나 자신도 수많은 생을 받아 오면서 알고 지은 죄, 혹여 남을 시켜 지은 죄가 없었을까를 생각하였다. 더구나 자기도 모르는 사이 지은 죄까지 들춘다면 또 얼마나 많을까? 자기가 지은 업은 어느 생에서라도 기필코 과보를 받기 마련인데 아마도 자기는 전생에 신돈에게 더 몹쓸 짓을 했을지 모를 일이었다.

 모든 삶은 회피할 수 없는 인연의 굴레에 얽혀 있다.

 재난이 닥칠 때는 피하지 않고 고스란히 겪는 것이 최선일 때가 있다. 섣불리 벗어나려 하다가는 자칫 더 깊은 수렁으로 빠져 버린다.

 보우는 처소 주위에 울타리를 두르고 시자인 철봉 외에는 아무도 출입을 못하게 하였다. 물론 보우 자신도 외출을 끊고 죄인처럼 근신하였다.

 세상 모든 것에 대한 집착을 다시 한 번 끊고, 지나온 날들을 돌이켜 반성하며, 출가 정신을 되살려 처음부터 다시 시작하리라 마음먹었다. 마음을 깨끗이 하고 진심으로 참회하면 치욕스런 이 시절도 다할 날이 있으리라.

 일찍이 세속을 떠나 출가한 몸으로 부처님의 지극한 가르침을 따라 중생을 구제하고 세상을 교화하는 데 일심으로 매진하지 못했음을 참회하였다.

왕사라는 허명에 싸여 불교계를 바로잡는다는 이유로 동분서주하며 말품이나 팔고 다닌 것을 참회하였다.

아무리 좋은 개혁이라도 이 때문에 음지로 추락한 사람들의 원망까지 살피지 못했음을 참회하였다.

애당초 출가 사문의 길과 세속의 길이 엄연히 다른데 출가자로서 정치 권력에 너무 가까이 있었음을 참회하였다.

생선을 쌌던 종이에서는 생선 냄새가 나고, 향을 쌌던 종이에서는 향내가 나는 법. 무정물에 지나지 않는 종이도 잠시 동안의 인연 때문에 과보를 받는데 하물며 인간 세상사에 인이 있는데 어찌 과가 없을까?

겨울의 문턱에 들어서면서 형형색색으로 물들던 찬란한 단풍은 모두 떨어져 흑갈색이 되어 땅에 뒹굴었다. 그리고 짓밟히고 썩고 문드러질 것이다. 화려한 빛으로 나풀거리던 나뭇잎은 곧 닥쳐올 죽음에 사색(死色)이 되어 떨고 있던 모습에 지나지 않았다. 어여쁜 새봄의 새 생명은 탐욕스럽게 저들의 살을 빨아먹으며 돋아나겠지. 말 못하는 나뭇잎들이 우리의 인생도 그렇다고 가르쳐준다.

그러나 나라와 백성을 생각하면 답답하기는 마찬가지였다. 고려의 운명이 점점 수렁 속으로 빠지는 듯 시간이 지날수록 정치는 더욱 난마처럼 얽히고 백성의 탄식도 깊어 갔다. 이럴 때일수록 더 많은 피눈물을 흘려야 하는 것은 백성들이었다.

보우와 백성은 한 몸이나 다름없는 존재였다. 번뇌 없이 열반이 있을 수 없고 중생 없이 자기가 존재할 수 없었다.

보우의 참회기도는 끝없이 이어졌다.

속리산에 우거한 지 거의 열 달이 흘러갔다. 산천초목이 색색의 단풍을 물들이며 피었다 지고, 해가 바뀌어 다시 만물이 움트는 봄이 오고 있었지만 보우에게는 그저 어둡고 긴 세월이었다. 보우는 법회에 나가 설법을 하거나 방문객의 예방 일체를 사양하고 무거운 침묵의 세계로 들어가 묵언 정진하며 지냈다. 참회기도와 선정삼매에 드는 외에 이따금 제자들에게 간결한 글귀를 내려 주는 것이 전부였다. 될수록 담백하고 조촐하게 살고자 하였다.

1369년(공민왕 18)이 되면서 공민왕과 신돈 사이에 불화가 생기기 시작하였다. 신돈이 개혁정치를 빌미 삼아 노골적으로 자신의 야욕을 채우려고 한 것이 발단이었다. 고려는 건국 무렵부터 국가의 공로자에게 사심관이라는 지위를 주어 특정한 지역에 대한 자치권을 부여하고 사실상의 지배권을 인정하고 있었다. 그러나 이 제도는 시대가 내려올수록 지방 토호들이 국가의 토지마저 점탈하고 함부로 백성을 착취하는 수단으로 남용되면서 각종 폐단을 낳게 되자 충렬왕 이후 폐지되었다. 그런데 신돈은 사심관 제도를 부활시키면서 자기 스스로 전국 5도의 사심관이 되고자 했다. 이것은 국경 지방을 제외하고 고려 국토 대부분에 대한 지배권을 장악하려는 음모였다.

이렇게 되자 왕은 신돈을 의심하게 되고 지난날을 돌이켜 보며 오랫동안 자기가 미망에 빠졌음을 깨닫게 되었다. 왕은 먼저 보우를 속리산에 유배시킨 것을 깊이 뉘우치며 누구 못지않게 불심이 돈독한 자기가 어쩌다가 나라의 큰스님을 그렇게까지 궁지로 몰아 넣었는지 죄스럽기 한이 없었다. 왕은 서둘러 승록사에 명을 내려 보우의 금고를 해제하였다.

그 해 3월 어느 날 저녁, 선정에 들어 있던 보우가 자리를 털고 일어나더니 혼잣말을 하는 것이었다.

"신돈이 죽게 되었구나, 가엾은 신돈이……."

거의 1년을 묵언중이라 통 입을 열지 않던 스승이 갑자기 말하는 것을 듣고 철봉은 깜짝 놀라 귀를 의심하였다.

과연 이튿날 개경에서 혜기(惠琪)스님이 내려오더니 보우의 금고형을 해제하며 보우가 소설암에 머물러도 좋다는 왕명을 전하였다. 법주사 대중들이 모두 나와 흥분해서 어쩔 줄 모르며 기뻐하였다. 혜기도 사필귀정이라며 보우의 명예 회복을 경하하였다.

옷자락을 잔뜩 부풀어 올리며 장난치는 봄바람을 마주 안고 속리산을 내려왔다. 중턱쯤 오니 골짜기를 의지해서 한 뼘밖에 안 되는 땅이라도 조각조각 일궈 놓은 층

회피할 길 없는 인연의 굴레

계논이 나타났다. 땅에 코를 박듯 엎드려 손가락이 갈고리가 되도록 한 계단 한 계단 다져 올린 논배미를 바라보자 그날 따라 코끝이 시큰하게 저려왔다. 누가 저 백성을 배부르게 하고 그들의 눈물을 닦아주나 생각하니 한숨이 절로 나왔다.

아랫마을에는 키 큰 왕벚나무와 그보다 작은 앵두나무가 나무 전체에 핀 하얀 꽃을 뭉게구름처럼 뒤집어쓰고 있었다. 몸 전체로 꽃을 피우며 봄의 환희를 찬탄하는 모습이었다. 철 따라 바뀌는 무심한 계절의 천진스러움에 인간으로 태어났음이 오히려 부끄러웠다.

북쪽으로 길을 잡아 그리던 고향 양근으로 갔다. 부모의 무덤에 잠시 들러 인사를 하고 농다치 고개를 넘어 미지산 뒷자락에 숨어 있는 소설암으로 돌아왔다. 암자는 정갈하게 소제되어 있고 모든 기물들은 윤기나게 닦아져 제자리에 있었다. 오래 비워 두었는데도 스승의 빈자리를 알뜰하게 살펴 온 제자들의 정성이 눈에 보였다.

소설암에 도착한 보우는 제자들의 만류를 뿌리치고 호미를 들고 밭으로 나섰다. 새로 씨를 뿌리기에는 약간 늦었지만 농민들의 시름을 생각하면 자기도 손을 보태야 했다. 촉촉한 물기를 머금고 부드럽게 부서지는 흙의 감촉을 오랜만에 느꼈다. 흙 속에 숨어 있던 땅강아지가 황급히 도망치는 꼴이 우스꽝스러웠다.

밭둑에는 달래, 냉이, 광대살이, 콩박나물, 걸럭지나물들이 여기저기 어우러져 있었다. 마른 쇠똥 위에도 눈에 보일 듯 말 듯 작은 풀들이 꽃을 피웠다. 세상에 어줍잖은 이 작은 것들도 제철을 알고 피어나 저마다 자기 분수를 다하는 것이 그저 고마웠다. 철 따라 순리대로 살아야 한다는 저들의 설법을 듣는 것 같았다. 스승의 기운을 돋우려고 제자들은 점심상에 취나물 쌈과 산뜻하게 무친 불미나리를 바쳐 올렸다.

보우의 나이 71세(1371, 공민왕 20)되는 7월, 땅에서는 어느 새 아침저녁으로 서늘한 기운이 솟아오르고 있었다. 가마솥 같던 더위도 한풀 꺾였다. 만행을 다니던 운수객들에게서 들었는지 시자 철봉이 흥분된 목소리로 달려왔다. 신돈이 역모죄로 붙잡혀 수원에 유배되었다가 마침내 극형에 처해졌다는 것이다.

보우는 눈을 감았다.

안타까운 한숨을 몰아 쉬었다.

그 날 오후의 일은 모두 접어 두고 처참하게 생목숨을 잃은 신돈을 위해 저녁 내내 염주를 굴렸다. 분수를 모르는 한낱 어릿광대로 날뛰다가 졸지에 스러져 간 생명이 가련하였다. 헛되고 헛되니 또 헛된 것이 세상 이치인데 그런 줄도 모르고 제 무덤을 파다 가 버렸다.

회피할 길 없는 인연의 굴레 243

저녁 노을은 더욱 찬란하리

 신돈의 처형 소식을 들은 바로 며칠 뒤 개경에서 사신이 당도하였다. 예부상서 홍상재(洪尙載, ?~1391)와 왕을 근시하는 내시 이부(李榑)가 보우를 국사로 모신다는 것과 밀양의 자씨산(慈氏山) 영원사(瑩原寺)에 주석하라는 국서를 받들고 온 것이다. 보우의 복권과 명예회복을 이루려는 국왕의 배려였다. 그들은 법당에 법좌를 마련하고 국가의 전례 절차에 따라 국사의 법호를 올리고 인장 및 석장을 비롯한 각종 예물을 바치면서 극진한 예식을 마련하였다.
 공민왕은 여기에 덧붙여 위대한 인물을 낳아 준 연고지를 표창하여 보우의 탄생지이며 모친의 고향인 익화현을 양근군으로 승격시키고, 전날 보우가 금고당할 때 강등되었던 그의 본관 홍주를 다시 홍주목으로 복원시켰다.
 의식을 마치고 다과를 들며 담소하는 중에 홍상재는 왕이 신돈을 처형할 때 몹시도 후회하면서 보우에게 민망해 하더라고 전하였다. 국왕은 신돈의 독재와 탐학을 지켜보다가 결국 그를 처단하기로 결심하고는 "내 스승이 어찌 내게 거짓말을 했겠는가?" 하면서 한동안 보우를 의심했던 과거의 잘못을 몹시 뉘우쳤다는 것이다.

갑자기 들이닥친 사신들에 의해 일사불란하게 치러진 의식 절차에 따라 국사라는 지위에 올랐으나 이런 것들은 보우가 바라는 게 아니었다. 왕사건 국사건 자기의 본래 면목은 출가 승려일 따름이었다. 칠십이 넘은 나이에 배고프면 먹고 고단하면 잠자는 것 이상 할 일이 뭐가 있겠는가?

보우는 홍상재 편에 자기는 이제 너무 늙고 병이 깊어 젊은 선승들을 인도할 수 없다며 그대로 소설암에 머물게 해 달라는 청을 올렸다. 공민왕은 연로한 고승을 위해 노후를 편히 쉴 수 있게 특별히 하안소(下安所)로서 영원사를 마련한 것이었으나 보우의 뜻을 좇지 않을 수 없었다. 그리하여 소설암에 머물면서 영원사 주지 이름만이라도 맡아달라는 특단의 조치를 내렸다.

보우가 복권되자 적막했던 소설암에는 보우를 찾는 사람들이 줄을 이었다. 정당문학 염흥방을 위시하여 승제 김희조, 제학 이방직, 내시 이부 등이 왕명을 전하러 들르거나 또는 마음공부를 자문 받기 위해 일부러 며칠씩 머물다 갔다. 그 중 불도에 열심인 사람은 돌아가서도 자기가 평소 공부하며 느꼈던 의심을 편지로 물어 오고 그러면 보우는 아무리 몸이 피곤해도 싫증내지 않고 일일이 답을 보냈다.

저녁 노을은 더욱 찬란하리

이들 외에 승려들은 이루 말할 수 없을 정도로 몰려왔는데 어떻게 해서든지 보우의 가르침을 받아보고자 앞다투어 찾아왔다. 보우에게 직접 가르침을 입은 제자는 물론이고 다른 산문에 속하거나 전혀 다른 종파에 몸담고 있는 승려들도 가리지 않고 모여들었다.

보우의 선풍을 사모해서 일부러 고려를 찾아오는 외국 승려들도 많았다. 중국 승려 온향을 위시하여 일본에서 온 중암수윤이나 웅 선인, 그리고 인도의 달마실 등 수많은 구법승들이 수천 수만 리 길을 멀다 하지 않고 다녀갔다.

나이 들수록 보우의 성품은 더욱 천진스러워져 갔다. 모처럼 한가한 여가에는 늘 돌배나무 아래 앉아 지나가는 구름을 보느라 고개가 휘어졌고, 나무를 타고 오르는 개미를 잡아서 올려주었다 내려주었다 하며 장난을 했다. 어디서 새소리라도 들리면 입을 오무려 흉내내며 열심히 대꾸하는 것이었다. 그런 스승의 모습을 볼 때면 철봉을 비롯한 시자들은 자기들끼리 마주보며 싱겁게 웃었다.

그러다가도 느닷없이 제자들을 일깨우는 한 마디 말은 마치 비수처럼 가슴에 박히며 그들의 정신을 일깨웠다.

보우는 이후 7년이나 계속해서 소설암에 머물렀다. 그 사이 공민왕은 파란만장한 생을 45세로 마감하였다. 1374년(공민왕 23) 9월, 빨갛게 달아오른 단풍이 제 흥을 못 이겨 조그만 바람에도 꽃비를 내리듯 떨어지던 늦가을. 왕의 일생도 그처럼 넘치는 열정을 미처 다 태우지 못하고 열매도 맺지 못한 채 바람에 날려 떨어지고 말았다.

원나라에서 얻은 첫째 왕비를 잃은 후 왕은 병적으로 사랑의 회상에만 집착하는 바람에 정치는 갈팡질팡 흔들리게 되었다. 신돈에 대한 배신감은 왕비를 잃은 상실감을 새삼 반추시키며 변태적인 행각을 더욱 부추겼다. 왕은 젊고 곱게 생긴 귀족 청년들을 자제위에 소속시키고 궁중을 무상 출입케 하며 그들로 하여금 아리따운 시녀들과 음행케 하고는 문틈으로 엿보는 관음증을 보였다. 자제위의 젊은이들은 서로 경쟁이라도 하듯 음탕한 놀이에 빠져 궁중에서는 해괴한 일들이 꼬리를 물고 일어났다. 심지어 공민왕은 정비(正妃) 소생의 아들을 갖고 싶은 욕망에 그들로 하여금 새로 입궁한 왕비들을 강제로 욕보이게 하는 일까지 서슴지 않았다.

왕비들의 침소는 졸지에 아수라장이 되었고, 그 중에는 스스로 목을 매 죽겠다고 왕을 협박해서 겨우 궁지를 모면한 이도 있었지만 어떤 이는 결국 그들에게 능욕당해 임신까지 하게 되었다. 목불인견의 난장판이 된 궁궐을 뒤늦게나마 정신이 들어 수습하려고 나선 국왕은 패륜아들을 처단하려다가 도리어 그들의 반격을 받고 치욕스런 최후를 맞고 말았다.

국왕의 붕어 소식을 접한 보우는 사람의 어리석음이

얼마나 큰 죄를 낳는지 몸서리쳤다. 경전에도 가장 큰 죄악은 어리석음이라 했는데 사람이 무명(無明)에 빠져 아무것도 깨닫지 못하면 짐승과 다를 바 없었다. 국왕의 인생유전이 어찌 그리도 모진지 통탄스러웠다. 그와 더불어 국사를 걱정하고 백성을 염려했던 지난날들이 한낱 꿈인 듯 허망하였다.

보우는 전례에 따라 돌아가신 국왕에게서 받은 국사의 직책과 인장을 국가에 반납하였다. 아직 한 번도 열어 보지 않은 것이었다.

공민왕의 첩비 소생인 우왕은 즉위하자 곧 국가를 일신하기 위해 불철주야로 국사에 매달렸다. 우왕은 부왕의 뜻을 이어 불교계의 현상 유지를 위하여 나옹을 왕사로 재책봉하였다. 나옹은 보우가 국사로 책봉될 무렵 왕사에 책봉되었던 인물이다.

그러나 공민왕이 말년에 저지른 해괴망측한 추태로 인해 왕실의 권위는 땅에 떨어진 이후였다. 우왕이 아무리 기강을 바로 잡으려 해도 한번 무너진 왕실의 법도는 좀처럼 회복되지 않았다. 그 틈을 간파한 신료들은 또다시 편당을 지어 차제에 그들 마음대로 정국의 주도권을 차지하려고 날뛰었다. 게다가 우왕 시대로 들어서면서 성리학이라는 신유학에 길들여진 일부 관료들은 노골적으로 불교계의 폐단을 들춰내면서 불교를 정면으로 배척하기 시작하였다. 이런 여러 가지 이유로 말미암아 보우의 국사 재책봉은 차일피일 연기되었다.

공민왕이라는 거목이 쓰러지고 나자 그렇게 한 시대의 종막이 내려지고 있었다. 인간의 힘으로 막을 수 없는 하늘의 운세로 세상이 어지럽게 급변하고 있었다.

보우와 각별한 친교를 나누었던 백운도 공민왕이 승하할 무렵 이미 열반해 버렸고, 비록 산문은 달라도 멀리서나마 품격 높은 도풍을 드날리던 나옹도 바로 뒤따라 적멸의 세계로 돌아갔다. 한 시대를 밝혔던 찬란한 별들이 하나 둘 사라지고 이제 머지않아 자기도 이 땅에서 자취를 감출 것이다.

보우 나이 78세(1378, 우왕 4), 우왕은 느닷없이 보우를 굳이 밀양 영원사로 가서 주석하라는 명을 내렸다. 불교를 배척하는 유생 관료들의 성화에 못 견뎌 내려진 명령이었다.

당나귀를 타고 먼 길을 떠나는 것도 모처럼만이었다. 울긋불긋 비단처럼 고왔던 단풍도 다 떨어지고 들판에는 아침저녁으로 뽀얗게 서리가 내렸다. 가도가도 올망졸망한 산, 그 산자락을 타고 펼쳐지는 구불구불한 논밭들, 그 사이로 반달 같은 누런 초가 지붕들이 몇 채씩 보이는 마을이 반복되어 나타났다. 당나귀에 실린 몸이 방아를 찧듯 건들거릴 때마다 들판의 풍광도 오르락 내리락 기우

경남 밀양
자씨산 영원사지

뚱거렸다.

　보우 일행이 영원사에 도착한 것은 겨울 안거를 막 시작하려는 참이었다. 예전에 일연의 상수 제자였던 보감국사 혼구(混丘, 1250~1322)가 주석하던 곳이라 친근감이 느껴졌다. 혼구는 입적한 지 60여 년이 지났지만 보우와 같은 가지산문의 승려로 많은 사람들이 흠모하던 선지식이었으며 그의 유훈을 이어 영원사는 도저한 선풍을 그대로 지켜 오고 있었다.

　영원사 산문에 이른 보우는 힘껏 소리쳤다.

　"온 땅덩어리가 바로 해탈문인데 대중은 보는가? 만일

보지 못했다면 내가 대중들을 위해 보여 주리라."

보우는 팔을 높이 치켜들었다가 주장자를 내리치며 말을 이었다.

"해탈문이 활짝 열렸으니 대중은 부디 머뭇거리지 말고 나를 따라 오시오."

보우의 목소리는 우렁차고 자신에 넘쳐 있었다. 해탈문을 들어가 법당에 참배한 뒤 방장실에 좌정했다. 주지 이하 승려들이 차례로 나와 인사를 여쭈었다.

보우가 천천히 입을 열었다.

여기는 참으로 훌륭한 부처님 방이요. 옛날에는 명리를 찾는 운수객의 소굴이었으나 오늘은 청빈한 도인의 처소라오. 이제 부처가 오거나 조사가 오거나 전혀 상관치 않을 것이나, 눈밝은 납승은 얼씬거리지 말라.
자! 말해 보시오.
뉘라서 이 자리에 버티고 앉아 부처를 마주 대하고 교화를 드날리며 근기에 따라 사람들을 제접할 것인가?
얏!
이 무슨 부질없는 말인가? (《태고보우어록》)

보우의 일갈은 방안 사람들의 숨통을 활짝 열어 주는 것 같았다. 선방 승려들은 바로 이렇게 시원하고 거침없는 사자후를 기다려 왔다. 소문대로 이름값을 하는 보우의 일성을 듣고 승려들은 저마다 새롭게 각오를 다졌다.

보우가 이듬해 여름 안거까지 지내는 동안 영원사 선원은 처음보다 두 배나 많은 대중이 몰려들었다. 언제나 그랬듯이 보우가 선원에 주석한다는 소문이 돌면 전국에 있는 선승들이 보우의 그늘에서 곁불이라도 쪼이고 싶어 몰려들었다. 그 바람에 전국 선방이 들썩거리며 보우를 찾아 한 차례 대이동을 하는 것이었다.

보우는 기운이 넘쳐흐르는 젊은 제자들을 바라보는 것만으로 생의 기쁨과 활력을 얻었다. 불그레하게 상기된 뺨하며, 깨끗이 면도하여 파르스름하게 윤기 나는 머리와 수염 자국은 더없이 싱그러웠다. 젊고 건강하다는 것이 얼마나 큰 축복이며 행복인지 저들은 아직 모를 것이다. 아니 펄펄 끓는 육신의 힘을 미처 감당하지 못해 그 때문에 더욱 번민하며 방황할 것이다.

여름을 지나며 보우의 건강이 눈에 띄게 쇠해 갔다. 보우 스스로 자기 팔 다리에서 기운이 빠져나가는 것을 느꼈다.

보우는 《법구경》의 한 구절을 떠올렸다.

아, 이 몸은 머지 않아
땅 위에 누우리라
의식을 잃고, 쓸모 없는 나무토막처럼
버려져 뒹굴 것이다.

보우의 시자들은 팔순을 바라보는 스승이 너무나 염려스러워 매일같이 소설암으로 돌아가자고 성화였다. 그 중에도 철봉이 가장 보챘다. 보우는 제자들의 강권에 못이겨 1년 만에 소설암으로 돌아왔다.

81세(1381, 우왕 7)되는 늦가을, 개경에서 사신들이 찾아왔다. 우왕이 선왕의 유지를 이어 보우를 국사에 재책봉한다면서 이번에는 가은 양산사에 주석해 달라는 것이었다. 스승의 나이를 생각해서 제자들이 한사코 말렸지만 보우는 왕명을 저버릴 수 없다면서 서둘러 양산사로 출발하였다. 희양산 양산사, 즉 봉암사는 벌써 20년 전 잠시 머물렀던 곳이다.

아직 10월이라고 하지만 백두대간을 따라 험한 산줄기가 첩첩이 뻗쳐 있는 희양산 골짜기는 벌써 숨쉴 때마다 하얀 입김이 뿜어져 나오는 한겨울 날씨였다. 모두들 잔뜩 웅크리고 산길을 가는데 간혹 차가운 눈발이 날리며 두 뺨을 쳤다.

가은땅으로 접어들자 길 반대편 끝에서 한 무리의 사람들이 마주 오고 있었다. 보우가 온다는 소식에 승려들과 인근에 사는 관리와 백성이 멀리서부터 마중을 나온 것이었다. 여러 날 산길을 넘느라 피로에 지쳐 있었는데 일행을 반기는 저들의 순박한 모습에 보우는 새로운 기운이 솟았다.

경북 문경 희양산 봉암사 일주문(위)과 대웅보전(아래)

산문이 바라보이자 보우는 나귀에서 내렸다. 주장자를 짚고 주위를 둘러보니 예전의 기억들이 눈앞에 다시 펼쳐졌다.

보우는 산문에서 크게 외쳤다.

삼세의 부처님이 모두 이 문을 좇아 출입하셨소.
오늘 이 산승은 문을 나오는 것인가, 들어가는 것인가?
이 노승이 나오지도 않고 들어가지도 않는다면, 무엇이 나오지도 않고 들어가지도 않는 도리겠소? (《태고보우어록》)

주장자를 세 번 내리쳤다.

보우는 이 곳에서 마지막 교화를 펴게 되리라 예감하였다. 이승에서의 마지막 열정을 이들과 함께 나눌 인연이 이미 20년 전에 심어졌다. 그들에게 출입과 생사가 둘이 아니라 한 가지라는 도리를 일깨우고 모든 것을 초탈해서 우주의 근원적인 진리에 가까이 가는 문을 열어 줄 것이다.

그 날 따라 서쪽 하늘을 물들이는 노을이 유난히 찬란하였다. 며칠 뒤, 선원에서는 동안거 결제를 하였다. 백여 명의 납자들이 빳빳하게 풀먹인 옷깃을 높이 세우고 줄지어 단정히 앉아 있었다.

싱싱하고 파르스름하게 빛나는 눈빛에 취해 법좌에 오른 보우는 아무 말도 않고 그들을 바라보며 시간의 흐름을 잊었다. 제자들은 참을성 있게 스승의 말씀을 기다렸다. 내리뜨고 있는 제자들의 눈꺼풀은 고즈넉해서 그림자도 스치지 않았다. 숨소리조차 들리지 않는 침묵의 시간이 얼마나 흘렀는지 모른다.

이윽고 보우는 법상에 주장자를 내리치며 소리쳤다.

"알겠느냐?"

구석에 앉은 승려 한 사람이 일어나 공손히 절을 하고 앉았다. 그러나 대답하는 사람은 아무도 없었다.

끊임없이 일어나는 갖가지 생각을 끊어 버리고, 번개같이 변화무쌍하게 흘러가는 의식의 흐름을 칼로 뚝 잘라 내고, 침묵의 세계에서 자기를 마주 보아야 한다. 오로지 자기밖에는 아무도 없다. 그리고 자기를 마주 보는 또 다른 자기를 바라보아야 한다. 그런 다음 바라보고 있다는 사실도 잊어야 한다. 자기라는 주관과 객관의 상대를 모두 없애고 무의식의 존재를 근원까지 쫓아가 바라보아야 한다.

갑자기 주장자 소리가 우주를 흔들었다.

"알겠느냐?"

모든 시간이 정지해 버린다. 제자들은 강물처럼 출렁대며 흘러가는 생각들을 다시 가라앉힌다.

겨울 석 달은 그렇게 해서 순식간에 흘러갔다. 보름마다 제자들의 공부를 점검하고, 가끔 별도로 찾아오는 제자들을 격려하고 그들이 공부한 정도에 따라 또 다른 선지를 보여 주었다. 자상한 가르침을 주는가 하면, 용기를 북돋아 주기도 하고, 어느 때는 방에 들어서려는 것을 호통쳐서 쫓아 버리기도 했다. 그러나 그 모두는 보우가 마지막 생명을 불사르며 제자들을 살뜰하게 사랑하는 방법이었다.

이듬해 정월 보름, 해제가 되었지만 노승의 정성어린 훈육에 감복하여 제자들은 흩어질 줄 몰랐다. 봄이 왔으나 따로 해제할 필요도 없이 선방은 안거 때처럼 엄격한 규율 아래 매서운 정진이 계속되었다. 그 중 거의 잠을 자지 않고 용맹정진하는 이들에게는 산내 암자를 별도로 내주었다.

겨울에 내린 눈은 햇빛을 받는 양지쪽부터 차츰 녹아 없어진다. 언젠가 산 속에 있는 어느 무덤에 햇빛이 쪼인 쪽만 눈이 녹아내려 말라 버린 누런 잔디가 드러나고 그 반대편은 아직 하얀 눈이 그대로 덮여 있던 것을 보았다. 둥그런 봉분이 마치 가리마를 탄 듯 반은 누런색이고 반은 흰색이었다. 흡사 제자들을 싸고 있던 무명의 두꺼운 껍질이 차츰 녹아 내리며 벗겨지는 모습 같았다. 스승과 제자는 혼연일체가 되어 수행의 기쁨을 즐겼다.

가죽푸대 속의 영롱한 사리

보우의 나이 82세(1382, 우왕 8).

그 해 여름이 유별난 것도 아닌데 철봉은 스승이 더위에 쉽게 지쳐버리는 것을 느꼈다. 밤에도 뒤척이며 괴로워하는 기색이 역력하였다. 아무래도 스승이 예사롭지 않아 철봉은 어쩔 줄 몰라하며 쩔쩔맸다.

어느 날 아침 보우는 죽그릇을 올리는 철봉에게 소설암으로 돌아가자고 했다. 철봉은 기어이 올 것이 왔구나 하는 생각이 퍼뜩 들며 가슴이 내려앉았다. "예" 하며 간단히 대답하고 물러 나왔지만 철봉의 손은 떨리고 있었다.

봉암사 주지에게 알려 길 떠날 차비를 부탁하였다. 모두들 황망하고 난감해하였다. 이튿날 이른 아침, 선원 큰방에는 선승들이 가득 모이고 시자들의 부축을 받으며 보우가 들어왔다. 선승들은 일제히 삼 배를 올리며 예를 갖추었다.

보우는 마지막으로 허락하니 의문이 있으면 서슴지 말고 질문해서 공부를 향상시키라고 하였다. 모두들 주저하는데 입승이 큰스님께 하고 싶은 말을 여쭈어 각자의 의

문을 풀고 해탈의 길을 찾으라고 입을 떼자 말이 떨어지기가 무섭게 질문이 쏟아졌다.

　세상에 두려움이 없고 패기에 넘친 그들인지라 질문은 날카롭고 당돌하였다. 마치 지옥에서 탈출하려는 사람들 같이 지혜의 문을 찾느라 번득이는 언어의 칼날이 난무하고 펄펄 끓는 번민의 가마솥이 쏟아졌다. 반어와 역설이 논리를 전도시키고 할과 주장자 소리가 혼돈을 깨뜨렸다. 보우는 그들을 얼음처럼 차갑게 식히고, 용광로처럼 뜨겁게 달구었다.

　다음 날, 철봉과 몇몇 제자들은 새벽부터 길 떠날 준비를 서둘렀다. 주지가 어디서 구했는지 말 두 필이 끄는 수레를 대령하였다. 의약과 음식 등을 나귀에 싣고 길을 나서는데 떠나는 사람이나 배웅하는 사람 모두 아무 말도 못하면서 작별을 나누었다.

　여름이 거의 끝나갈 즈음 보우 일행이 소설암에 도착하였다. 보우의 〈행장〉에는 그 해 여름이 지나도록 소설암 연못에는 연꽃이 피지 않고 암자 주위를 싸고 있던 소나무도 여덟 그루 중에서 네 그루나 말라 죽었다고 한다. 산천의 무정물들이 먼저 보우의 마지막을 알고 징조를 보이고 있었다.

　소설암에 당도하자 보우의 병세는 다행히 조금 차도를 보였다.

소식을 접한 많은 사람들이 보우에게 문안 인사를 왔다. 찬영과 혼수를 위시하여 조굉, 일녕, 상총 등 제자들과 궁궐 내원당을 지키는 조이, 원규 등이 다녀갔다. 공민왕 시절부터 함께 정치를 논하던 염흥방과 이방직 같은 귀족들의 행차도 있었다.

보우는 모처럼 한가해지면 예전처럼 돌배나무 아래 앉아 산과 구름을 하염없이 바라보았다. 앞산의 나무 그늘이 날로 붉은 색을 더해 가는 미묘한 시간의 흐름을 헤아렸다. 끊임없이 변화하며 무상하게 흐르는 것은 세월이 아니라 자기 자신이었다. 만겁을 두고 유장하게 펼쳐지는 세월은 차라리 장엄하였다.

구름이 새털같이 흩날리는 계절이 되자 붉게 산을 치장했던 나뭇잎도 거의 땅에 떨어졌다. 온 산이 앙상한 속살을 드러내고, 북서풍 찬바람이 까맣게 여윈 가지를 어지럽히던 한겨울도 지나가고 있었다. 얼마 있으면 새해가 올 것이다. 평생에 가장 긴 겨울을 지내며 철봉과 유창은 스승이 이 겨울을 무사히 넘기는구나 하고 안심하던 참이었다.

그 해 섣달 17일, 보우는 가벼운 감기 기운을 보였다. 밥맛이 없다며 아침에 올린 버섯죽을 반이나 남기는데 얼굴이 약간 상기된 모습이 미열이 있어 보였다. 철봉은 입맛을 돋게 하고자 각별히 찬에 신경 쓰면서 열을 내리려고 산수유 열매를 달여 올렸다. 그러나 철봉의 정성에도 증세는 나아지지 않고 며칠 계속되었다. 뒤늦게 사태가 심각하다는 것을 깨닫고 허겁지겁 의원을 부르려 하였으나 보우는 일체 아무것도 못하게 엄명을 내리고 음식을 아주 끊어 버렸다.

23일 아침이 되자 보우는 문인들을 불렀다. 다음 날 유시에는 고향으로 돌아가겠다면서 고을 군수를 부르게 했다.

제자들은 눈앞이 캄캄하였다. 조만간 큰스님이 떠날 것을 짐작하지 못한 것은 아니었지만 막상 내일이라는 말을 듣고 보니 당황해서 갈피를 잡을 수 없었다. 그 날이 이리도 빨리, 구체적으로 나타나리라고는 상상도 못했다. 어쩔 줄 몰라 하는 제자들을 나무라며 보우는 손수 준비할 일들을 일러 주었다.

먼저 국사의 인장을 가져오게 하였다. 사자 두 마리가 금실로 정교하게 수놓아진 붉은 비단 보자기를 푸니 반짝이는 나전칠기함이 나왔다. 검은 바탕에 나전을 실낱같이 가늘게 잘라 길상 무늬를 장식한 호사스런 상자였다. 그 안에 들어 있는 백옥의 묵직한 국사의 인장을 확인하고는 다시 함을 닫았다. 마지못해 받았던 국사의 자리였던지라 인장을 열어 보기는 처음이었다. 이 도장은 새 시대에 맞는 새 주인을 만나 백성을 위해 귀하게 쓰여질 것이다. 보우는 상자에 자물쇠를 채우고 그 위에 종이를 덧붙여 봉인하였다.

그런 다음 필묵을 준비하고 잠시 생각에 잠기더니 유언장을 써 나갔다. 고려의 신민으로 태어나 국왕과 나라의 은혜를 입어 국사가 되었으나 충분히 보답하지 못하고 떠난다는 내용으로 국왕에게 하직 인사를 썼다. 대신들에게는 국왕을 잘 보필하고 백성을 어여삐 여겨 달라는 내용의 편지를 차례로 여섯 통이나 썼다. 죽음에 임해서 떨리는 손으로 쓰는 간곡한 당부였다.

그 날 해가 질 무렵 양근군 군수 이양생(李陽生)이 들어와 황망히 절을 올리며 꿇어앉았다. 무슨 말을 할지 몰라 허둥대는 군수를 바라보며 보우가 입을 열었다. 그 동안 고을의 군수로서 암자에 사는 승려들이 불편하지 않게 도와준 것에 감사를 표하고, 봉인한 인장과 유언장들을 앞으로 밀어 놓으며 대궐에 전해 달라고 부탁하였다.

무심한 시간이 흘러 이튿날이 되었다.

보우는 새벽부터 재촉하여 머리를 말끔히 삭도질하고 옷을 갈아입은 다음 제자들을 불렀다. 상수 제자 찬영이 말문을 열어 공부의 요긴한 점을 여쭈라고 선승들을 인도하였다. 그제야 제자들은 평소에 품어오던 의심이나 마음 속의 번뇌를 토로하며 지혜를 구하였다. 그 중에는 생사의 갈림길에 서 있는 스승의 참 모습은 어떤 것이냐는 당돌한 질문도 있었다. 보우는 의심이 많을수록 공부가 익어 가는 증거라며 항상 맑은 정신으로 정진해서 방일하지 말라고 당부하고는 부디 성불하기를 축수하였다.

그리고 잠시 묵언하더니 이윽고 게송을 읊었다. 이 세상 인연을 다하며 남기는 마지막 노래였다.

인생 목숨은 물거품처럼 허무하여
팔십여 년이 봄날의 한바탕 꿈이더라
죽음에 다다라 이제야 가죽푸대 버리노니
바퀴 달린 붉은 해는 서산을 넘어 가노라.
人生命若水泡空　　八十餘年春夢中
臨終如今放皮袋　　一輪紅日下西峰 (〈태고보우행장〉)

보우의 임종게였다.

오후에는 아무도 방에 들어오지 못하게 하고 홀로 선정삼매에 들었다. 침묵이 낮게 깔린 채 하염없는 시간이 흘렀다.

어느덧 저녁 해가 뉘엿뉘엿 산등성이를 넘어가고 있었다. 숨소리도 들리지 않던 방안에서 낮은 기침 소리가 들렸다. 철봉이 방문을 열자 보우는 꼿꼿이 앉은 채 고갯짓을 하여 제자들을 가까이 불렀다.

무거운 침묵이 다시 흘렀다.

노을의 붉은 기운도 점점 스러지고 땅거미가 내리는지 어두운 그늘이 방안을 덮기 시작하였다.

순간 스승의 고개가 옆으로 꺾였다.

모두들 일어나 스승께 삼 배를 올리며 작별을 고하였다.

그리고 누가 먼저랄 것도 없이 '나무아미타불'을 염송

하기 시작했다.

종루에서는 성인의 열반을 알리는 종이 울렸다. 종소리는 그 날 따라 더욱 유장하게 골짜기를 퍼져 나갔다.

보우가 예언한 대로 82세(1382)가 되는 12월 24일 유시였다.

해가 졌지만 제자들은 즉시 양근 고을과 대궐로 스승의 입적을 알렸다. 이튿날 신새벽부터 장례를 보기 위해 전국에서 출가, 재가의 제자들과 단월들이 수없이 몰려들었다. 선종 사원의 승려들이 산문을 가리지 않고 서둘러 찾아왔으며 교종 계열의 승려들도 헤아릴 수 없이 많이 모였다. 이틀 후 대궐에서는 내시 전저(田沮)가 왕명을 받들고 도착하였다. 우왕은 전저 편에 향과 부의를 정성스럽게 마련해 보내면서 일체의 장례 절차를 맡아 지휘하라고 명하였다.

열반식은 이듬해(1383) 정월 12일이었다.

화창한 햇빛이 비추는 봄날 같은 날씨였다. 눈골 마을은 온통 인산인해를 이루며 흰 옷으로 덮이고 군데군데 쳐놓은 차일에는 조문객들이 넘쳤다. 암자 주변은 병풍을 두른 듯 울긋불긋 수백 개의 만장이 펄럭였다.

개울 옆에 나뭇단을 높이 쌓고 그 위에 보우를 모셨다. 전국에서 온 고승들과 상수 제자들이 둘러서서 긴 막대기에 불을 붙여 들었다.

"거화(擧火)!"

경기도 가평
소설암터의
주인 모를 부도

"하화(下火)!"

일제히 나무섶에 불을 지피려 하자 제자 한 사람이 나서며 목메인 소리를 한다.

"스님 나오십시오."

바싹 마른 나뭇단은 기세 좋게 불길을 솟구치며 타올랐다.

성인은 이승의 낡은 옷을 훨훨 벗어 던지고 빛으로 가득 찬 열반의 세계로 승천하고 있었다.

불길이 거세질수록 목탁 소리와 염불 소리가 산천을 진동하였다. 다비가 진행되는 동안 모두들 '석가모니불'을 정근하였다.

그 날 밤, 서쪽 하늘에는 띠를 두른 듯 붉은 광채가 오래도록 뻗쳐 있었다. 번뇌는 소멸되고 그가 세상에 올 때

태양의 정기를 받았던 것처럼 이제 환한 빛의 세계로 환원했음을 알리는 광채였다.

하루를 꼬박 타고나서 재를 치우자 무수히 많은 사리가 나왔다. 특히 정수리 부근에서 나온 사리들은 오색빛을 띠며 영롱하게 빛났다.

사리를 수습하여 법당에 봉안하고 장례 절차를 마치자 그 많던 손님들도 모두들 제 갈 길로 돌아갔다. 소설암에는 가장 오래도록 보우를 시봉하며 그림자같이 따라다니던 철봉 등 몇 명만 남았다.

장례를 지휘하고 돌아가는 전저는 보우의 사리 중 1백과를 따로 담아서 왕궁으로 모셔갔다. 우왕은 찬란한 사리가 그토록 많은 것에 놀라 궁궐 내원당에 모시고 예배를 드렸다. 그리고 보우에게 '원증(圓證)'이란 시호를 바치고 삼각산 중흥사에 사리탑과 비석을 세우게 하면서 '보월승공(寶月昇空)'이라는 탑호도 올렸다.

제자들은 사리를 나누어 보우와 인연이 깊었던 여러 사원으로 가서 각기 부도를 세웠다. 보우의 사리탑은 중흥사를 비롯하여 소설암, 이웃에 있는 사나사, 가은 봉암사, 청송사 등지에 세워졌다. 제자들은 평소부터 보우를 깊이 사모해 오던 이색과 정도전이 지은 비문으로 중흥사와 사나사에 비석도 세웠다.

지혜의 관문을 꿰뚫고 견성을 이루어 부처가 된 사람. 중국 임제종의 종통을 계승하여 부처님의 정법안장을 고려로 가져온 선지식.

 공민왕과 함께 원나라를 물리치고 자주 국가, 자주 불교를 회복하여 조계종의 청정 가풍을 후세에 물려 준 스승. 세상을 구하고자 행동하는 종교인으로서 상구보리와 하화중생을 실천하며 영욕의 세월을 살다 갔으나 그가 남긴 위대한 자취는 전국 선방에서 태고의 선풍으로 이어져 오늘날까지 살아 숨쉬고 있다. 인생이 한바탕 봄날 꿈이라지만 그의 꿈은 아직도 우리에게 지표가 되고 용기를 준다.

 하루 해가 가고 어둠이 짙게 깔릴 즈음이면 어디선가 보우가 내리치는 주장자 소리가 들려 온다.

 혼탁한 세상에서 혼미한 정신으로 미로에 빠져 허우적거리는 우리를 일깨우는 소리다.

> 달이 곤륜산에 져도 남은 광명이 비추듯
> 맑게 빛나는 사리는 옥문을 비추어라
> 구름 끝에 솟아난 저 푸른 삼각산
> 그 아래 탑을 세워 나라와 함께 길이 전하니
> 스님의 풍도는 동방에 널리 퍼지리라.
>
> (〈중흥사태고보우비문〉에서)

太古年譜

1301년　　충렬왕 27
　　　　　9월 21일. 경기도 양평 옥천리에서 출생

1313년　　충선왕 5
　　　　　경기도 천보산 회암사로 출가

1319년　　충숙왕 6
　　　　　전라도 가지산 보림사 총림에서 수행

1326년　　충숙왕 13
　　　　　가지산 총림 승과에서 화엄선으로 합격

1330년　　충숙왕 17
　　　　　용문산 상원암에서 관음기도 수행

1333년　　충숙왕 복위 2
　　　　　가을. 개성 감로사에서 첫번째 견성

1337년　　충숙왕 복위 6
　　　　　가을. 개성 불각사에서 해오
　　　　　10월. 개성 전단원 주석

1338년　　충숙왕 복위 7

	1월 7일. '무'자 화두로 견성 완성
	3월. 경기도 용문산 사나사 주석
1339년	충숙왕 복위 8
	봄. 경기도 소요산 백운암 주석
1341년	충혜왕 복위 2
	봄. 서울 삼각산 중흥사와 태고암 중건
1346년	충목왕 2
	봄. 원나라 연경 대관사에 체류
	11월 24일. 원나라 궁궐에서 《반야경》 강설
1347년	충목왕 3
	4월. 중국 남소의 축원영성 선사 영당 방문
	7월. 중국 하무산 천호암 석옥청공의 법맥 계승
	11월 24일. 연경 영녕선사 개당법회
	고려 왕자 기(뒷날 공민왕) 만남
1348년	충목왕 4
	봄. 귀국, 삼각산 중흥사 주석
	가을. 경기도 용문산에 소설암 창건
1352년	공민왕 원년
	5월. 왕궁에서 설법, 개경 경룡사 주석
	개경 보법사에 판전 건축
	가을. 소설암에 칩거
1356년	공민왕 5
	2월. 궁궐 내불당에서 설법
	3월 6일. 개경 봉은사에서 개당법회
	왕명으로 금자대장경 조성

　　　　　　4월. 연경궁에서 왕사에 책봉됨
　　　　　　　　광명사에 원융부 설치
　　　　　　5월. 개경 봉은사에서 국왕에게 설법
　　　　　　　　국왕의 생일, 궁궐에서 반승법회
　　　　　　　　강안전 등에서 진병도량 설치

1357년　공민왕 6
　　　　　　1월. 국왕이 황금 등을 하사
　　　　　　1월 15일. 왕궁에서 진병도량 개설
　　　　　　2월. 홍건적 침입 예언하고 소설암으로 퇴거

1359년　공민왕 8
　　　　　　8월. 홍건적의 1차 침입

1361년　공민왕 10
　　　　　　10월. 홍건적의 2차 침입

1362년　공민왕 11
　　　　　　가을. 경상도 가은 봉암사 주석

1363년　공민왕 12
　　　　　　1월. 전라도 가지산 보림사 주석
　　　　　　가을. 월출산 월남사에 주석

1366년　공민왕 15
　　　　　　9월. 보우, 신돈을 탄핵
　　　　　　10월. 도솔산 은거

1368년　공민왕 17
　　　　　　봄. 전주 보광사 우거
　　　　　　여름. 속리산 법주사에 금고됨

1369년	공민왕 18
	3월. 금고에서 해제, 소설암에 칩거
1371년	공민왕 20
	7월. 국사에 책봉됨(소설암에서 밀양 영원사 주지 겸직)
1378년	우왕 4
	겨울. 경상도 밀양 영원사 주석
1379년	우왕 5
	소설암으로 돌아옴
1381년	우왕 7
	가은 봉암사 주석
1382년	우왕 8
	여름. 소설암으로 돌아옴
	12월. 소설암에서 입적

어둠을 두드리는 주장자 소리

2001년 2월 20일 초판 1쇄 인쇄
2001년 2월 26일 초판 1쇄 발행

지은이 | 유영숙
펴낸이 | 윤재승
편집·교정 | 김창현
영업책임 | 성재영
펴낸곳 | 도서출판 민족사

등록 | 1980년 5월 9일(제1-149호)
주소 | 서울시 종로구 청진동 208-1 금강빌딩 2층
전화 | (02)732-2403~4
팩스 | (02)739-7565
E-mail | minjoksa@chollian.net
ISBN 89-7009-773-2   03220
값 8,000원

* 잘못된 책은 바꾸어 드립니다.